Callwey

Heidi Howcroft

Der individuelle Garten

Ideen und Beispiele für eine ganz persönliche Gestaltung

Callwey

...rund ums Haus

Inhalt

Drei Gärten, jeder für sich erstaunenswert, beispielhaft und individuell. Die Projektbeschreibung für das Titelbild ist auf S. 48, die Innenseite auf S. 62 und die gegenüberliegende Seite auf S. 32.

Vorwort

Das Streben nach dem individuellen Garten, der die Leidenschaften, die Persönlichkeit und den Geschmack des Besitzers widerspiegelt, ist ein – wenn auch vielleicht unbewußtes – Anliegen jedes Garteneigentümers. Eine Suche nach dem idealen und schönsten Garten, der die jahrelange Beschäftigung mit Ideen, Motiven und Beispielen ausdrückt. Die Auswertung von Informationen und die Umsetzung in die Praxis stellen dabei für viele Gartenbesitzer das Haupthindernis dar.

Das Buch faßt in einfachen Leitlinien die Schritte von der Gestaltungstheorie bis hin zur Wirklichkeit zusammen. Es gibt viele gestalterische Hinweise für die Planung von kleinen und großen Gärten. Ob städtisch oder ländlich, architektonisch oder landschaftlich, naturnah oder gärtnerisch – jede Form von Garten ist vertreten.

Der Schwerpunkt wird auf die Entwicklung einer eigenen Gartenphilosophie gelegt, die den Schlüssel zur individuellen Gestaltung liefert. Im Vordergrund steht die Wahl eines Stils und die Schaffung eines Rahmens für den Garten.

In den 17 Gartenportraits, zum großen Teil aus dem deutschsprachigen Raum ausgewählt, werden die Grundzüge einer individuellen Gestaltung demonstriert. Vom kleinen intimen 70 qm großen Gartenhof bis zum weitläufigen modernen Landschaftsgarten haben alle eine spürbare Qualität. Ob mit fachlicher Unterstützung oder durch eigene Erfahrung und Erprobung des Besitzers entstanden – jeder Garten ist spannend und aufregend. Bebildert mit anschaulichen Plänen, Farb- und Schwarzweißfotografien, ergänzt mit einzelnen Pflanzplänen, wird der Charakter jedes Gartens verdeutlicht.

Das Buch dient als Sprungbrett, Anreiz und Motivation zur Vertiefung in das Thema Garten. Vor allem sollen die Beispiele inspirieren und begeistern, die Welt der Gärten näher bringen und die Leistungen von Gestaltern und Gärtnern dokumentieren und weitergeben.

Heidi Howcroft
München

Kunstobjekte, ob modern oder antik, können eine wertvolle Ergänzung zur Gartengestaltung sein und persönliche Akzente setzen. Besonders geglückt ist dieses Motiv, eingebettet in Elfenblumen und Schaublätter, gefunden im Garten von Lower Hall in Worfield, England.

Als Inspiration: Lephins Garten in England

Aus der Fülle und Vielfalt der englischen Gärten einzelne besonders hervorzuheben, ist kaum möglich. Während die Stärke des einen Gartens in der räumlichen Gestaltung liegt, ist es bei anderen die Pflanzenverwendung. Landschaftsgärten und architektonische Gärten zeigen große Unterschiede, doch ist jeder für sich bewundernswert.

Gärten sind oft Ergebnisse der Zusammenarbeit von Gestalter und Gärtner. Man denke an die Leistungen von Edwin Landseer Lutyens und Gertrude Jekyll[3] in Folly Farm und Deanery Gardens, wie auch Vita Sackville-West[6] und Harold Nicolson in Sissinghurst. Einer setzt die Linien und Achsen, bildet die Räume, der andere bringt mit den Pflanzen Leben und Farbe ein. So ist es auch beim Garten von Lephins in der Nähe von Oxford in England. Die Individualität wie auch die Nuancen, das Gefühl für den Raum, für Blickverbindungen und die Wertigkeiten von Gegenständen (Kunst, Objekte, Töpfe, Mobiliar, alles Teile des Gartens) sind bemerkenswert. Dazu die Pflanzung, mal ruhiger Hintergrund, mal aufregende Komposition. Trotz der Gliederung in Gartenräume wirkt der Garten als Einheit, ein Beweis für eine gute Gestaltung.

Rechts: Zwischen Trittplatten wachsen Purpurklee (*Trifolium repens* »Purpurascens«) neben Hornveilchen *(Viola cornuta purpurea)* auf der einen und einem Distelgewächs *(Herasium maculatum)* auf der anderen Seite. Die Blattfarbe wird von Gewächs zu Gewächs weitergereicht.

Von Vistas und Pflanzen

Als Michael und Pat Branch in den späten 60er Jahren Lephins übernahmen, war der spärlich bepflanzte Garten klein und gewöhnlich. Beide hatten als gelernte Gärtner – Michael Branch ist als Landschaftsarchitekt tagtäglich mit der Gestaltung von Außenanlagen befaßt – die Fachkenntnisse, um einen sehr persönlichen und zugleich vorbildlichen Garten anzulegen.

Der torartige Eingang mit niedrigem Wacholder *(Juniperus horizontalis)* läßt den Blumengarten wie einen Raum erscheinen.

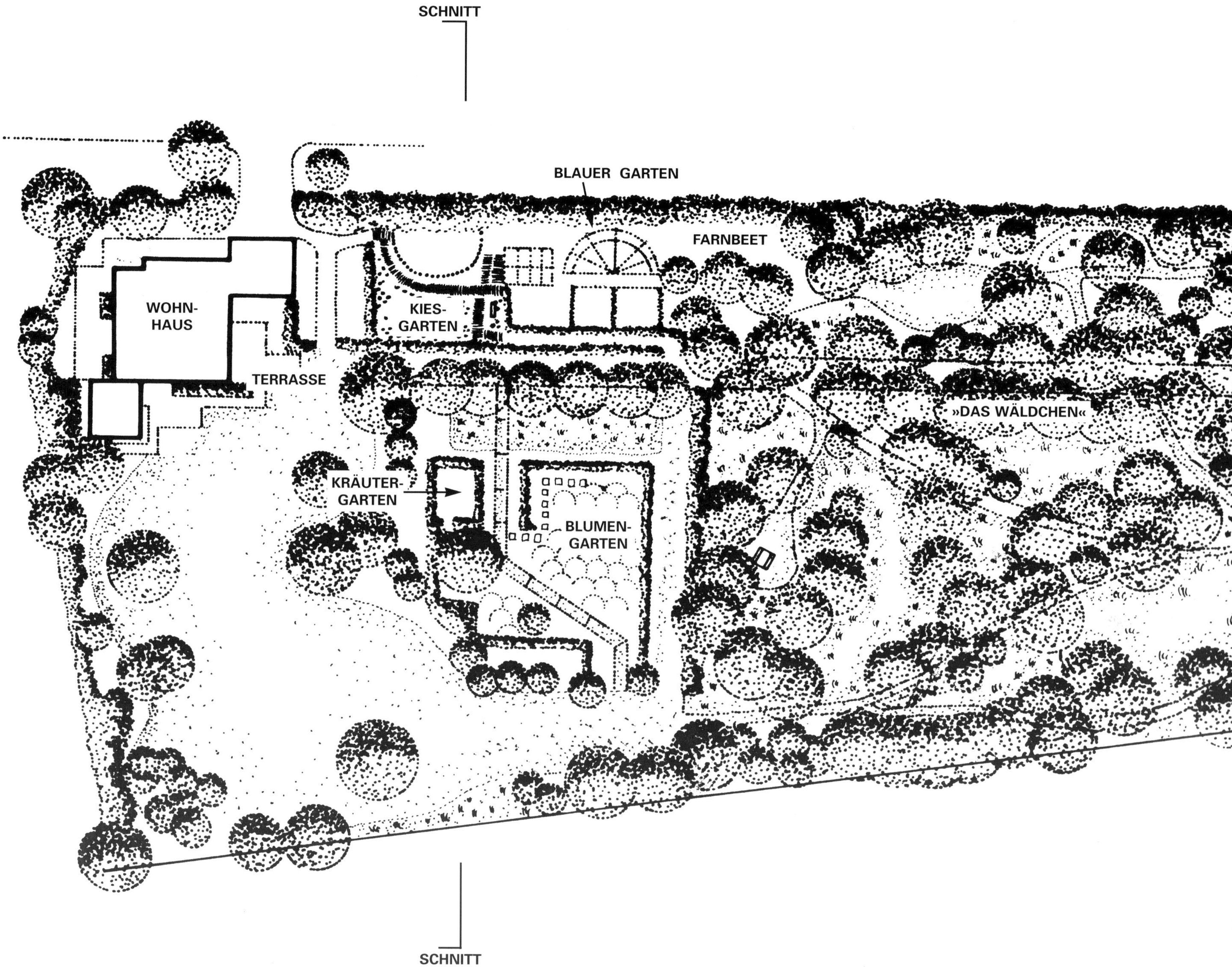
SCHNITT
BLAUER GARTEN
FARNBEET
WOHN-
HAUS
KIES-
GARTEN
TERRASSE
»DAS WÄLDCHEN«
KRÄUTER-
GARTEN
BLUMEN-
GARTEN
SCHNITT

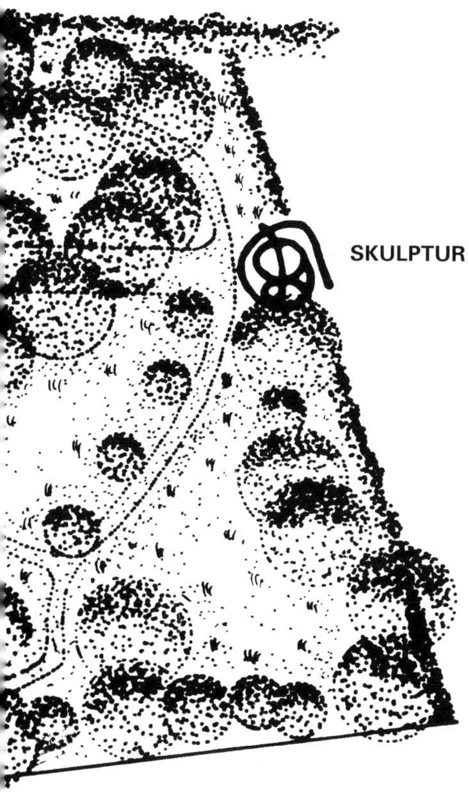

Ein Vierteljahrhundert später hat der Garten eine Verwandlung erlebt, er ist nicht nur Garten, sondern auch Landschaft. Die inzwischen fast 5000 qm große Anlage ist Ausdruck einer persönlichen Gestaltungsphilosophie. Während die Details teilweise vor Ort entstanden, wurden der Rahmen, die Struktur und Gestalt des Gartens nach Michael Branchs Plänen ausgeführt. Bedingt durch die exponierte Lage auf dem Rücken eines Hügels, mußte Windschutz geschaffen werden. Hierbei sollte die Blickbeziehung zur kulturhistorisch bedeutsamen Landschaft nicht versperrt werden. Das Ziel war, sich nicht von der Umgebung zu isolieren, sondern einen Gartenstil zu finden, der Gartenarchitektur und Kulturlandschaft vereinigt, Grenzen setzt, aber Übergänge zuläßt.

Im Gartenplan im Maßstab 1:400 ist der Kontrast zwischen den zwei Gruppen von ineinander übergehenden Gartenräumen und den Wiesen- und Waldzonen ersichtlich.

Unten: Das Schaffen von Windschutz war eine Notwendigkeit im Garten. Der Querschnitt zeigt die landschaftsgerechte Schutzbepflanzung: durch einen Wall, lockere und geschnittene Hecke und Bäume.

Der Erwerb der benachbarten Weide vergrößerte das Grundstück um mehr als das Dreifache und ermöglichte eine Verwirklichung der Planungsabsichten. Ausgehend von der Schaffung von Windschutz – eine Notwendigkeit für das Gedeihen von Pflanzen und den Aufenthalt im Garten – wurden Hecken und Wälder wichtige gestalterische Komponenten.
Dem Haus zugeordnet, fast wie weitere Baukörper, wurden zwei Komplexe von Gartenräumen im Garten geschaffen. Die Einrahmung durch mannshohe Hecken verbirgt die pulsierende Fülle der Gartenkabinette. Nur ausgewählte Einblicke lassen ahnen, was sich hinter der Hecke versteckt. Die erste Bündelung von Gartenräumen – der Kiesgarten, der Bauerngarten, der Gärtnerstützpunkt – wirkt wie eine Verlängerung des Wohnhauses. Dagegen ist die zweite mit Blumen- und Kräutergarten ein eigenständiger Bereich im Herzen des Gartens.

Der Kiesgarten –
Kontrast von Bodenbelag und Blattformen

Während die anderen Räume das Augenmerk auf die Gestaltung mit Pflanzen legen, ist der Kiesgarten eine Auseinandersetzung mit Bodenbelägen und Blattformen. Kontrast und Spannung liegen in der Verteilung von Gehflächen aus länglichen Betonblöcken und flächendeckendem Feuersteinkies. Lineare Blöcke, ob Bahnschwellen, Betonblöcke oder einzeilige Pflasterstreifen, sind ein Motiv, das als verbindendes Element in den Gartenräumen wiederholt auftritt.

Die Bepflanzung beschränkt sich auf einen malerischen Essigbaum *(Rhus typhina* »Laciniata«), eine Zwergkiefer *(Pinus mugo ssp. pumilio)* und am Rand einen Bambus *(Sinarundinaria nitida)*, dazu einzelne Büschel von Farnen und Topfpflanzen mit starkwüchsigen Schwertblättern: alles ausgesuchte Pflanzen, die durch ihre Silhouetten, Blattform oder Gestalt eine wichtige Rolle in der Gartenkomposition spielen. Die Reduzierung der Farben auf Grüntöne und Beige steigert die ruhige, fast kontemplative Stimmung des Gartenraums – minimale Gestaltung mit großer Wirkung.

Die Gestaltung des Kiesgartens setzt sich vor allem mit Belägen und Blattformen auseinander, eine Vereinfachung von Elementen zugunsten eines überzeugenden Designs.

Im »Blauen Garten« ist die gesamte Farbgebung auf Blau abgestimmt. Im Vordergrund *Allium aflatunense* sowie *Allium* »Purple Sensation«, begleitet von weißen Polstern aus Hornkraut und gelbem Scheinmohn.

Rechts: Begleitstauden zur Farnsammlung sind hier Scheinmohn, Primeln und Salomonssiegel.

Der blaue Garten

Den blauen Garten, der erst vor kurzem ausgeführt worden ist und noch »reifen« muß, betritt man vom Rotbuchen-Heckengang. Ein halbrunder Sitzbereich wird durch eine blau lasierte Holzwand betont wie auch durch ein ungewöhnliches halbrundes *Cotoneaster exburiensis*-Spalier. Das Thema Blau wird durch blaue Pflanztöpfe, blaue Stützen zum Spaliergerüst und bläulich blühende Stauden und Blumenzwiebeln unterstrichen.

Das Farnbeet

Außerhalb der Gartenräume, als Übergang zu Wäldchen und Wildnis, legte Pat Branch einen Farngarten an. Hier wird das lineare Motiv der Wegebefestigung durch Bahnschwellen aufgenommen. Beiderseits des Weges finden sich Raritäten im Schatten der Bäume – u. a. sind *Dryopteris dorreri* »Crispa« und *Dryopteris filix-mas* »Congesta« in der Farnsammlung zu entdecken.

Unten: Ein diagonaler Weg trennt den Blumengarten von dem silber-grauen Beet. Eine Melange aus silbrig-grauen Pflanzen mit verschiedenen Blattformen und -texturen: Filziger Wollziest und glänzende Fetthenne.

Rechts: Im Blumengarten sind die flächendeckenden Stauden begleitet von Scheinmohn, Lichtnelke, Iranlauch und Jakobsleiter. Senkrechte Akzente setzen Mohn und dunkelrote Kratzdisteln.

Der gerahmte Blumengarten

Zwei Figuren markieren den Eingang zum Blumengarten, umrahmt und geschützt von hohen Buchenhecken. Die Grundform ist ein Quadrat mit diagonaler Wegeführung, markiert durch eine einzeilige Einfassung aus Betonpflastersteinen, dazwischen ein Rasenbelag.

Nach den Prinzipien von Gertrude Jekyll[3] wurden Driften (lockere Bänder) von Pflanzen verwendet, das sind Gruppen von Stauden, die sich gesellen, überlappen und ineinanderfließen. Als Hauptstauden finden sich grün-gelblich blühender Frauenmantel *(Alchemilla mollis)*, blau-grüne Katzenminze *(Nepeta sibirica)*, lila blühender Storchschnabel *(Geranium macrorrhizum)* und der weiße, weniger kräftige *G. clarkei* »Kashmir White«. Dazu Jakobsleiter *(Polemonium caeruleum)*, Wolfsmilch *(Euphorbia characias ssp. wulfenii)* und Lichtnelke *(Lychnis viscaria)*. Die Ausbrüche von Farbe über dem welligen Meer sind kräftig: Dunkelroter Mohn *(Papaver orientale* »Beauty of Livermere«) und dunkelrote Kratzdisteln *(Cirsium rivulare atropurpureum)*. Die Farben sind Blau-Weiß-Rot-Töne in allen Abstufungen. Als Kontrast dazu auf der anderen Seite des Weges befindet sich ein Gobelin aus silbernen und grauen Pflanzen mit abwechselnden Formen und Texturen von filzig bis glatt, von matt bis glänzend: Wollziest *(Stachys byzantina* »Silver carpet«), durchwoben von Fetthenne *(Sedum spectabile* und *Sedum cauticola)*, angrenzend an einen flächendeckenden Teppich von zartrosa blühenden Porzellanblümchen *(Saxifraga umbrosa)*. Kleine Kostbarkeiten, fast zu übersehen, zeugen von der Liebe zum Detail. Aus der Welt der Stauden führt der Weg in die ruhige englische Landschaft, eine Rückbesinnung auf den Standort des Gartens.

»Das Wäldchen«

Im Stil eines Landschaftsparkes durchziehen geschwungene, gemähte Rasenwege das Wäldchen – der Kontrast zur Stimmung der Gartenräume könnte nicht größer sein! Hier sind gärtnerische Züchtungen falsch am Platz, Eindringlinge aus dem Garten unerwünscht. Der Wald, bestückt mit Eschen, Vogelkirschen, Ahorn, Kiefern und Lärchen, alles standortgerechte Pflanzen, bedarf einer Pflege. Regelmäßiges Auslichten ist notwendig, wenn die Lichtungen und die dazugehörige Krautschicht erhalten bleiben sollen.

Als Hauptachse führt ein breiter gemähter Rasenweg durch den Wald, am Ende steht als Blickfang ein raffiniertes Kunstwerk aus silbrig schimmernden, biegbaren Entlüftungsrohren, die nach Lust und Laune verändert werden können. Im Hintergrund, als Kontrast zur Hightech-Skulptur, die alte englische Landschaft – wie vieles im Garten eine Begegnung zwischen Tradition und Moderne.

Wenn man den Garten durch das bescheidene Gartentor zuerst betritt, ist man auf das hohe Niveau des Gartens nicht vorbereitet. Hier zeigt sich in gekonnter, harmonischer Kombination von fließenden und strengen Formen Michael Branchs künstlerische Handschrift.

Nicht nur die räumliche Abfolge ist stimmig, sondern auch das Gleichgewicht von Garten und Natur. Eine geschickte Verwendung von Fluchten und Vistas zieht die einzelnen Teile zu einem Gesamtgarten zusammen. Sie wirken wie Brücken zwischen den Gartenräumen und der Restfläche und verleihen Halt und Stärke.

Lephins ist ein moderner Garten, der nicht auf bloße Symbole zurückgreift und stilistische Saltos schlägt, sondern aus dem Verständnis für Form und Pflanze lebt.

Oben: Vom Gartentor aus scheint der Garten in die Landschaft überzugehen. Lediglich die Art der Bepflanzung beidseits des Tors gibt zarte Hinweise auf den Charakter des Gartens: vor der Rotbuchenhecke wachsen Waldmeister *(Galium odoratum)*, Scheinmohn *(Meconopsis cambrica)*, Hainsimse *(Luzula nivea)* und Farn.

Unten: Vom Kiesgarten führt ein langer, schmaler Buchengang in den Hauptteil des Gartens.

Rechts: Die Hauptachse durch das »Wäldchen», ein gemähter Rasenweg, am Ende als Blickfang eine Skulptur aus biegbaren, silbrigen Rohren, die mit dem milchigen Himmel verschmilzt.

Ein persönlicher Gestaltungsstil – der Weg zum individuellen Garten

Die Geometrie des wiederholten Quadrates prägt den Nutzgarten des Landschaftsarchitekten Reinhard Vogler in Bregenz (siehe Seite 58).

Leitlinien für den eigenen Garten

Die Entstehung eines individuellen Gartens, in dem sich der Eigentümer wiederfinden kann, entwickelt sich aus einer Vision, einem Bild vom Garten, und aus einer ganz persönlichen Gestaltungsphilosophie.
Ideen für den Garten müssen sich entfalten und reifen. Die Inspirationsquellen sind vielfältig: Zeitschriften, Bücher, Fernsehberichte wie auch die Besichtigung sowohl von historischen als auch von zeitgenössischen Gärten. Hier können nicht nur Anregungen gefunden werden, sondern auch Bestätigungen eigener Ideen.
Allein durch seine Lage, Größe und Zuordnung zum Haus besitzt jeder Garten individuelle Eigenschaften. Auch wenn in zwei Gärten nach den gleichen Gestaltungsprinzipien vorgegangen wurde, können sie niemals identisch sein. Die Reihenhausgärten auf Seite 64 und 68 verdeutlichen diese Tatsache.
Gartengestaltung ist nicht vergleichbar mit Gartendekoration. Eine Ausschmückung mit Zierpflanzen und Ornamenten ist eine oberflächliche Behandlung, während die Gestaltung wesentlich tiefgründiger und dauerhafter ist, eine Auseinandersetzung mit dem Thema Garten. Ebensowenig zutreffend ist der Vergleich mit der Innenarchitektur, denn die Arbeit mit lebendem Material, das wächst und sich je nach Jahreszeit verändert, wird die Fähigkeit fördern, die räumliche und farbliche Veränderung von Anfang an zu berücksichtigen.

Rechts: Der Reiz dieses Landschaftsgartens liegt in seiner Einfachheit. Die Hand des Gestalters ist kaum spürbar. Wiese, Bach und Obstbäume erzeugen eine ländliche Idylle, lediglich die Beleuchtungsskulptur vom Bildhauer Hans Kastler als einziges erkennbares Gestaltungselement deutet auf einen geplanten Garten hin.

Die Gestaltung von Stadtgärten ist ein Thema für sich: Bei einem durch geringe Größe, Bezug zur gebauten Umgebung und Beschattung geprägten Garten ist die Kreativität besonders gefordert. Dieser beispielhafte Stadtgarten in München, entworfen vom Landschaftsarchitekten Gottfried Hansjakob, wird auf Seite 64 vorgestellt.

Diese Arbeit ist anders zu bewerten als die Farbangabe und Aufstellung von statischen Objekten. Der Eindruck des Raumes ist nach seiner Fertigstellung komplett, während sich ein Garten noch entwickeln muß – ein wichtiger Unterschied, der nicht unterschätzt werden sollte.
Vor dem Beginn einer Gestaltung müssen die Wünsche und Ziele klar sein. Eine goldene Regel ist es, sich für einen Stil zu entscheiden, sei er architektonisch oder landschaftlich, gärtnerisch oder naturnah, historisch oder modern. Da Gärten unabhängig von Modetrends sein sollten, sind alle Gestaltungsstile gesellschaftsfähig; es steht die gesamte Bandbreite von klassisch bis avantgardistisch zur Auswahl. Verflechtungen von verschiedenen Stilen setzen große Fachkenntnisse und Gestaltungsbegabung voraus und sollten nicht von einem unerfahrenen Anfänger versucht werden.

Der Gartenarchitekt

Der Weg zum individuellen Garten wird durch das Einschalten eines geeigneten Gartenarchitekten verkürzt. Gerade in der Anfangsphase, während der Suche nach einer bestimmten Gartenform, leistet er entscheidende Hilfe. Vor allem bei der Umsetzung und Interpretation von Ideen und der Lösung von Problemen kann der Gartenarchitekt durch seine Berufserfahrung wertvolle Ratschläge geben. Das Paket an Leistungen, die in der Honorarordnung für Architekten und Ingenieure (HOAI) beschrieben sind, reicht von der Konzeption über die Vorbereitung von ausführungsreifen Unterlagen bis zur Fertigstellung, in manchen Fällen bis hin zum Gartenpflegewerk. Seine Fachkenntnisse betreffen die Pflanzen- und Bodenbelagswahl wie auch den Entwurf von Ausstattungselementen und Wasser im Garten.
Jeder Gestalter hat seine eigene Handschrift. Um eventuelle Mißverständnisse zu vermeiden, empfiehlt es sich, sich über dessen Gestaltungsstil und die Arbeitsweise anhand von Beispielen in einem Vorgespräch zu informieren. Ein Verzeichnis von Garten- und Landschaftsarchitekten ist über die örtliche Architektenkammer und den Bund Deutscher Landschaftsarchitekten (BDLA) in Bonn erhältlich. Garten- und Landschaftsarchitekten, die in der Architektenkammer eingetragen sind, sind bauvorlageberechtigt, eine wichtige Voraussetzung für die Ausfertigung von Genehmigungsplänen.

Garten»rezepte«

Obwohl es kein garantiertes Erfolgsrezept für einen gelungenen Garten gibt, können Leitlinien entscheidende Hilfe leisten. Sie sind Stützen, die dem Gestaltungsprozeß Klarheit verleihen und die Wünsche und Ziele formulieren. Auch erfolgreiche Gartengestalter verwenden solche Mittel, um Planungsaufgaben und Gestaltungsziele zu definieren.
Wer sich die Mühe macht, sich der Gestaltungstheorie zu widmen, bevor er zum Spaten greift, spart langfristig Zeit und Geld. Dazu ist es nicht nötig, eine Doktorarbeit zu schreiben, lediglich Notizen sollte man sich machen, die das Bild des Gartens im Groben umreißen. Impulsive, unpassende Fehlentscheidungen und -investitionen, die später bereut werden, können dadurch vermieden werden.

Vereinfacht ausgedrückt, gliedert sich der Gestaltungsprozeß in

- Die Grundsätze der Gestaltung: Form, Funktion und Farbe
- Die Auswertungen von Informationen über den eigenen Garten: Lage und Bestand
- Die Ausarbeitung: Rahmen, Füllung und Ausstattung
- Die Ausführung.

Während jeder Phase ist es wichtig, das Gesamtbild im Auge zu behalten, im großen Rahmen zu arbeiten und sich nicht auf Details festzulegen.

Die drei F's

Form, Funktion und Farbe sind die Eckpunkte der Gestaltung, sie bilden den Grundstock der Planung und beeinflussen alle weiteren Aspekte.

Zur Form

Die Gartenform wird durch den ausgewählten Grundtypus bestimmt: Ist der Garten geometrisch oder organisch, geschlossen oder offen, architektonisch oder naturnah? Soll der Garten eine Fortsetzung des Hauses sein oder sollte er sich der Umgebung anschließen? Wichtig ist auch die Wahl der Art, also etwa Bauerngarten, Stadtgarten, Landschaftsgarten oder Blumengarten.

Wie die einzelnen Formen tatsächlich wirken, wird anhand von Gartenportraits demonstriert:

Geometrisch:
»Rund um das Quadrat«
Geschlossen:
»Der große kleine Garten«
Architektonisch:
»Das Außenhaus – ein Garten mit System«
Offen und naturnah:
»Eine Hommage an die Bescheidenheit – der Garten als Landschaftsgarten«

Zur Funktion

Die Größe des Gartens steht in keinerlei Verhältnis zur möglichen Funktion. Auch kleine Flächen können eine Vielzahl von Funktionen abdecken, wenn sie geschickt gestaltet sind. Maßgebend sind die Forderungen, die an den Garten gestellt werden. Es sind verschiedene Gesichtspunkte bei der Auflistung der Funktionen zu beachten, vor allem der Unterschied zwischen dem aktiven und passiven Gärtnern. Wird selbst Hand angelegt bei der Pflege und Weiterentwicklung des Gartens oder wird der Garten als Objekt genossen und die Arbeit delegiert? Bei einer intensiven Beschäftigung mit dem Garten ist die Individualität ausgeprägter als bei einer Weitergabe der Aufgaben an Dritte.

Aus der Vielzahl von Funktionen sind die wesentlichen:
Als Nutzgarten: der ursprüngliche Zweck des Gartens als Ort der Obst- und Gemüsezucht wie auch zur Haltung von Kleinvieh. Dazu gehört auch der Schnittblumengarten als Quelle für Blumenmaterial zur Innendekoration.
Als Erweiterung des Wohnraumes, ein »al fresco«-Eßzimmer, Wohnterrasse und Außenküche, als Empfangs- und Repräsentationsbereich für Festivitäten.
Als Rückzugsgebiet, ein intimer und privater Bereich, nach innen orientiert für den persönlichen Gebrauch.
Als Schaukasten für eine Sammelleidenschaft, sei sie gärtnerischer oder künstlerischer Art.
Als Kulisse für das Haus, Vorfeld und Hintergrund einer besonderen Architektur.
Als Spiel- und Tummelplatz für Kinder, für freie Entdeckung und gelenktes Spielen.

Wichtig ist es, zwischen einmal jährlichen Ereignissen und dem täglichen Gebrauch zu unterscheiden: Eine kostbare Fläche sollte nicht für das jährliche Sommerfest freigehalten werden, zum Nachteil anderer regelmäßiger Funktionen. Flexibilität und multifunktionelle Plätze sind gefragt, z. B. der Kinderspielplatz, der nach dem Heranwachsen der Kinder zum Sitzplatz, Grillplatz oder gar zum Wintergarten wird; das Schaukelgestell, das in einen grünen Rankbogen verwandelt wird.

Im weißen Garten der Folly Farm in England sind nicht nur die Blüten, sondern auch Bodenbelag und Skulptur in Weiß gehalten. Im Hintergrund eine weiße Glyzine (*Wisteria sinensis* »Alba«), begleitet von grün-bläulichen Funkienblättern (*Hosta sieboldiana* »Elegans«).

Zur Farbe

Die Farbgebung im weitesten Sinn ist wichtig, nicht nur in bezug auf die Blüten. Gebaute Elemente, Spaliere, Lauben und Zäune ebenso wie Mobiliar sind Teile, die nicht beliebig ausgewechselt werden können. Als Ganzjahreseinrichtungen müssen sie sich in der Farbe anpassen, entweder als leitende dominante Komponenten oder als zurückhaltende ruhige Elemente.
Ein Farbchaos kann sowohl beunruhigend wie auch belebend wirken, wichtig ist die Gestaltungsabsicht. Eine willkürliche Ansammlung von Farbklecksen, bei der der Blick von einem zum anderen hüpft, ist irritierend, wogegen eine absichtlich bunte Rabatte, eine Konzentration von Farbe, sich aufregend und prachtvoll ausnimmt. In ihren Büchern und Pflanzplänen für die Gärten des National Trust hat die Engländerin Penelope Hobhouse eine Farbphilosophie von warmen und kalten Farben entwickelt, zeitgenössische Kombinationen, die Mut zur Farbe zeigen.
Eine Gliederung in Haupt- und Begleitfarben ist ebenso wichtig wie die Wahl einer Farbpalette differenzierter Farbtöne, die harmonieren und sich ergänzen. Eine Farbkoordination kann Wunder wirken, wie die Farbthemengärten demonstrieren. Damit die Farben zur Geltung kommen, müssen immer Ruhepunkte eingeplant werden: neutrale Grünzonen als Hintergrund. Die berühmten »weißen Gärten« sind in der Tat weiß-grüne Gärten, Weiß als Höhepunkt und Schmuck, Grün als ruhiger Kontrast.

Mitte: Die Leitfarbe kann auch vom Mobiliar übernommen werden. Hier ein Blaugrau, das als sogenanntes »Wade Blue« inzwischen in fast allen vom National Trust betreuten Gärten verwendet wird. Sitzbänke, Pflanzkübel und andere Ausstattungsgegenstände wie Papierkörbe und Wegweiser passen trotz unterschiedlichster Formen zusammen.

Links: Eine Komposition zum Thema »Rosa« aus Edelflieder und *Allium aflatunense*, ergänzt durch zartblaue *Ceonathus*. In Hidcote Manor Gardens, England, ist die Beherrschung der Farbgebung in der Beetgestaltung bewundernswert, vom weißen Garten und dem roten Beet bis hin zum abgebildeten Beispiel.

Gegenüberliegende Seite
Links: Unterschiedliche räumliche Wirkung je nach Füllung zeigen zwei Beispiele aus Buscot Park Gardens in England: Beide sind durch eine Ziegelmauer umrahmt, von einem mittigen Kiesweg geteilt und durch eine Buchshecke eingefaßt. Hier eine flächige Füllung aus Rasen und Obstbäumen, die die Breite betont.

Rechts: Eine andere, dichtere räumliche Wirkung erzielt das Staudenbeet in derselben Gestaltungssituation. Die perspektivische Tiefe des Gartens steht im Vordergrund – eine fast tunnelartige Wirkung, die auf den Torbogen im Hintergrund zielt.

Zum eigenen Garten

Beobachtung ist das A und O einer Gartenplanung. Es ist nötig, sich mit seiner Umgebung auseinanderzusetzen und sie zu erforschen, damit jeder Winkel und Grashalm bekannt ist. Nur dann kann der theoretische Gartenwunsch in die Wirklichkeit umgesetzt werden.

Der Bestand

Wesentlich für die praktische Umsetzung ist die Erfassung des Bestandes, der Elemente, der Gegenstände, vor allem des Bewuchses, der auf dem Grundstück vorhanden ist. Eine selektive Wahl und Respekt vor dem Vorhandenen sind wichtig, keinesfalls sollte vor Planungsbeginn eine totale Ausräumung stattfinden. Anzustreben ist vielmehr eine Auslichtung und Verjüngung, wodurch eventuelle Blickschneisen geöffnet und Bepflanzungskonturen definiert werden.
In einigen Städten und Gemeinden stehen Bäume mit einem Stammumfang von über 80 cm, gemessen in 1 m Höhe, unter Baumschutz. Die geschützten Bäume dürfen nur mit Genehmigung gefällt werden. Im Zweifelsfall empfiehlt es sich, Kontakt mit den örtlichen Behörden aufzunehmen.
Der Bestand – hierzu gehören auch Wasserflächen, Quellen, Mauerwerk und anderes – sollte in die Neuplanung mit integriert werden, denn er verleiht Reiz und Reife, die kaum zu ersetzen sind.
Weitere wichtige Aspekte, die die Gestaltung und Pflanzung im Garten beeinflussen, sind:
Der *Stand der Sonne* im Garten zu verschiedenen Tageszeiten, er ist wichtig für die Plazierung von Sitzplätzen. Der Lichteinfall und die Verteilung von Licht und Schatten sind maßgebend für die mögliche Pflanzung.

Der *Ausblick aus dem Fenster*, nicht nur auf den eigenen Garten, sondern auch in die Nachbarschaft. Hierzu gehört auch die Draufsicht von höheren Etagen auf den Garten. Markante Punkte wie Baumkulissen, interessante Bauten oder die freie Landschaft können alle im Garten als Motive mit einbezogen werden.

Der *Boden*, seine Beschaffenheit und Qualität als Wachstumsmedium für Pflanzen. Ein guter Indikator zur Bodenbeschaffenheit sind die vorhandenen Pflanzen. Es ist immer besser, den Bodentyp zu akzeptieren und im Rahmen der Möglichkeiten ein Pflanzensortiment auszuwählen, als fremde Pflanzen einzuführen, die kümmern und nicht gedeihen werden. Das beste Beispiel sind die Rhododendren: prachtvolle Pflanzen auf saurem, feuchtem Boden des Nordens, sind sie trotz Beigabe von Torf im kalkhaltigen Süden zu kümmerlichem Wuchs verurteilt.

Das *Winter- und Sommerbild*, die Kontraste zwischen kahlen, kargen Gestalten und üppig blühenden Formen.

Die Ausarbeitung

Nachdem die grundsätzlichen Entscheidungen getroffen sind und die Bestandsaufnahme des Gartens vorliegt, kann die Gestaltung endlich auf den eigenen Garten zugeschnitten werden. Wesentlich für die Ausarbeitung sind
1. die Erstellung eines Rahmens
2. die Wahl der Füllung
3. die Wahl der Ausstattung
Hier ist es wichtig, die Bearbeitungsreihenfolge einzuhalten.

Der Rahmen

Der Rahmen gibt dem Garten seine Struktur vor; zudem ordnet er das räumliche Gefüge, nach dem sich die restliche Planung ausrichtet. Die Bestandteile sind: *Die Wegeführung*; hier ist es wichtig, zwischen oft begangenen, breiten Hauptwegen und schmalen Nebenwegen zu differenzieren.
Terrassen und Sitzplätze, die nicht unbedingt dem Haus zugeordnet sein müssen, sondern je nach Sonne, Schatten und besonderen Ausblicken verteilt werden können.
Bäume und Sträucher; hier muß zwischen Gruppen- und Solitärbepflanzung unter-

schieden werden wie auch zwischen Jungpflanzen und ausgewachsenen. Bei bebauten Teilen ist die fertige Größe sofort ersichtlich, bei den Pflanzen nicht. Es empfiehlt sich, sich über die Dimension der Pflanzen zu informieren wie auch über die regionalen Unterschiede im Wachstum.
Die Grenzgestaltung, ob sie gebaut – Zäune oder Mauern – oder gepflanzt – Hecken – sein soll, wie auch die Dichte, ob transparent oder blickdicht.

Die Füllung

Was zwischen dem Gerüst angelegt wird, ob flächig – Rasen oder Wasserfläche – oder dreidimensional – Rabatten –, prägt das Gesamtbild.
Bei der Staudenpflanzung wird zwischen Rabatten, die als selbständiges Element wirken und Halbschatten- und Schattenstauden, die hauptsächlich Begleitpflanzung und Ergänzung zu Gehölzen sind, unterschieden. Innerhalb einer Staudenpflanzung ist eine Hierarchie von *Leitstauden* – in der Regel große Stauden, die durch Blatt oder Blüte hervorstechen – und *Begleitstauden* zu unterscheiden.
Rasenflächen sind nicht nur grüne Flächen, sie können verschiedene Formen annehmen: vom kurz geschorenen englischen Zierrasen zum Gebrauchsrasen wie Sportrasen, Landschaftsrasen, breitblättrigen Schattenrasen und schließlich bis zur hohen, buntdurchmischten Blumen- und Kräuterwiese.
Abgesehen von den optischen Unterschieden hat jede Art Vor- und Nachteile. Der Rasen ist strapazierfähig, für das Begehen geeignet und fordert hohen Pflegeaufwand. Eine Wiese – ob Feucht- oder Trockenwiese – ist dagegen passender in ländlicher Gegend und beansprucht geringe Pflege (in der Regel zweimal jährlich mähen).
Wasserflächen in Form von Teichen, Tümpeln, Wasserbecken und Pools sind ruhige, spiegelnde Flächen und ebenso als Füllung geeignet. Welche Art gewählt wird, hängt vom Stil des Gartens ab.
Die richtige Wahl des Bodenbelags für Wege und Terrassen ist von entscheidender Bedeutung. Befestigte Flächen prägen das Erscheinungsbild und stellen eine Verbindung zwischen bebautem und freiem Raum her. Jedes Material hat eine andere Ausstrahlung und Qualität. Die Palette reicht von rustikalen, gebrauchten Klinkerplatten bis zu edlen, feinkörnigen, bearbeiteten Steinplatten, vom Naturstein als Pflastersteine oder Platten, Kies in allen Körnungen, Holz bis zur gefertigten Produktion wie Klinker, Ziegel und Beton.
Grundsätzlich sollte das heimische, ortstypische Material Verwendung finden. Diese Maxime gilt insbesondere für ländliche Gegenden.

Unten: Die flächendeckende Wirkung von Stauden ist beeindruckend. Die rosa Blüten von Wiesenknöterich *(Polygonum bistorta)* kommen in der Masse am besten zur Geltung.

Die Farbharmonie wird ergänzt durch die großen glänzenden Blätter und weißen Blütenstäbe der Scheincalla *(Lysichiton camtschatcensis)* im Vordergrund.

Das Baumaterial des Wohnhauses kann auch im Bodenbelag wieder aufgenommen werden. Auf keinen Fall sollte ein buntes Sortiment von Belagstypen verwendet werden. Zu empfehlen ist eine Differenzierung zwischen Hauptweg, Nebenwegen und Wirtschaftsweg. Die Verwendung des gleichen Materials ist möglich, jedoch in unterschiedlicher Verlegungsart. Die Verlegungsmuster sind so vielseitig, besonders in Naturstein- und Klinkerpflaster, daß ein Belag durchgängig verwendet werden kann – bei völlig abweichender optischer Wirkung! In großen Gärten, insbesondere Landschaftsgärten, sollten Rasenwege, Kieswege und einfache Trampelwege angelegt werden.

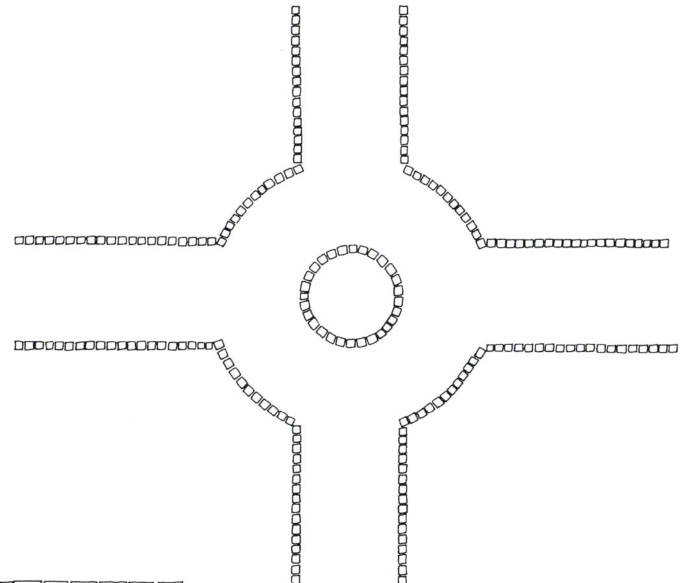

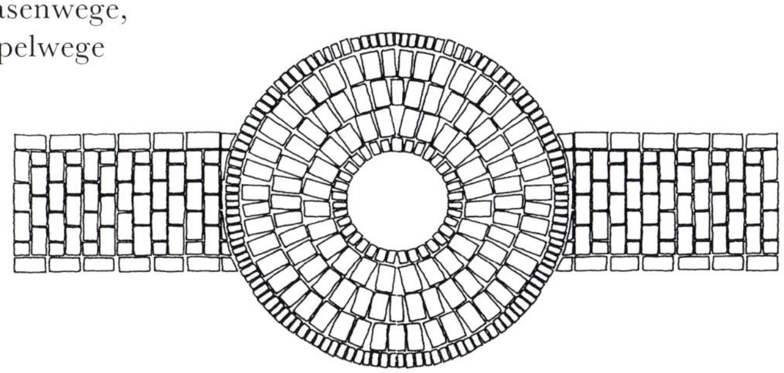

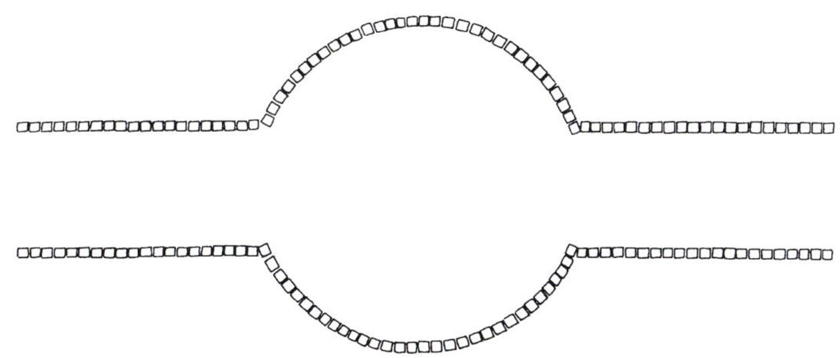

Gegenüberliegende Seite: Innerhalb einer Staudenrabattenpflanzung ist zwischen Leit- und Begleitstauden zu unterscheiden. Die Lupinen sind eindeutig als Leitstauden zu erkennen, während der Meerkohl, der sonst einen Höhepunkt im Beet bildet, nur eine begleitende Rolle übernimmt.

Rechts: Die Klinkersteine des Wohnhauses tauchen als Klinkerbelag im Garten, entworfen vom Landschaftsarchitekten Winkler, wieder auf und stellen so eine Beziehung zwischen Haus und Garten her (siehe Seite 68).

Durch Variation in Wegeeinfassung und Befestigung, auf dem Motiv eines Weges mit mittigem Rondell basierend, entstehen auf einfache Art und Weise unterschiedliche Wirkungen wie auch eine Spannung zwischen Füllung und Führung.

Rechts oben: Ein Wegekreuz wird durch Pflasterzeilen eingefaßt, die betonte Mitte kann als Pflanzfläche oder Standort für Einzelobjekte wie Brunnen oder Skulpturen dienen.

Rechts unten: Als schlichteste Variante ist die Einfassung des Weges nur durch eine gepflasterte Außenzeile denkbar.

Links: Eine andere Möglichkeit ist die Ausplasterung des Weges, hier mit Klinker, wobei ein Rondell freigelassen wird. Die Umsetzung dieses Beispiels ist im Reihenhausgarten, abgebildet auf Seiten 64 und 68, zu sehen.

Die Ausstattung

Ausstattungsgegenstände sind nicht nur Dekoration, sondern können auch Motive und Blickpunkte sein, die zum Gesamteindruck beitragen. Ihre Auswahl wie auch Stellung sollte im Einklang mit dem gesamten Garten sein. »Zelebrieren« Sie lieber die Wirkung eines Einzelstückes, anstatt mit Überfülle zu verwirren.
Zu den Ausstattungsgegenständen gehören

Gebaute Elemente wie Lauben, Sommerhäuser und Spaliere

Ornamente und Kunst, unter anderem Brunnen, Skulpturen und Kleinkunst

Töpfe und Tröge, sowohl fest installiert wie auch beweglich, die beliebig plaziert werden können. Die Bepflanzungsmöglichkeiten sind vielfältig, wechselbar nach Jahreszeiten und Geschmack.

Gartenmobiliar, Sitzbänke, Tische, Stühle, Schirme, von nostalgisch bis modern, filigran oder solide, in Gruppen oder einzeln gestellt. Gartenmobiliar trägt zur Atmosphäre des Gartens bei und sollte nicht als nebensächliches Element behandelt werden. Die Auswahl muß nach funktionalen und ästhetischen Gesichtspunkten erfolgen. Sitzbänke sind an besonders ausgewählten Plätzen aufzustellen, als Blickfang und Motiv. Hier sind Größe und Art wichtig, damit die Gestaltung des Gartens aufgenommen wird.

Beleuchtung ist mit die schwierigste Gestaltungskomponente eines Gartens. Das Angebot ist heute so umfangreich wie nie. Im Prinzip ist es sinnvoll, die Beleuchtung als funktionelles Element zu behandeln und sich auf Wandleuchten an der Hauswand und auf bodenverankerte Spotleuchten je nach Bedarf und Beleuchtungsmotiv im Garten zu beschränken.

Unten: Das Sommerhaus bildet einen architektonischen Mittelpunkt im Garten.

Rechts: Eine Rose berankt das filigrane Gestell einer Laube, die hier in Kombination mit einer Keramik-Urne, bepflanzt mit *Sempervivum*, als dekoratives Motiv eingesetzt wird.

Mitte: Das Geheimnis der Aufstellung von alltäglichen Gegenständen im Garten liegt in ihrer Präsentation. Im Kiesgarten von Lephins sind die gewöhnlichen Pflanztöpfe samt Bahnschwellengestell zu einer Besonderheit geworden.

Ganz unten: Nützlich und zugleich dekorativ – ein Topf zur Rhabarber-Zucht.

Links: Ungewöhnlich und wirkungsvoll: ein Sessel im Grünen, eingebettet in ein Meer von Halbschattenstauden.

Mitte: Mobiliar muß zum Gartenstil passen. Bestimmte Arten lassen sich in fast jeden Garten einfügen, wie diese französische, zusammenklappbare Sitzbank.

Links unten: Eine ausgefallene, tragbare Sänfte-Sitzbank.

Unten: Ein grünes Dach aus riesigen Blättern von *Gunnera manicata* beschattet eine Holzsitzbank.

Die Umsetzung

Nach all den vielen Überlegungen und Theorien sollten die Ideen auf Papier gebracht werden. Wer mit der Abstraktion eines Planes nichts anfangen kann, kann sich anhand von Modellen oder Schablonen, die an Ort und Stelle in voller Größe angebracht werden, um die Umrisse von Terrassen und Konturen von Beeten aufzuzeigen, orientieren. Phantombäume aus Holzpflöcken oder einfache Holzgestelle, die die Gestalt und das Ausmaß von Bäumen angeben wie auch die mögliche Wirkung hinsichtlich Blickachsen und Schattenwurf sind wertvolle Hilfsmittel. Die Modelle sollten nicht nur für ein paar Stunden, sondern für einige Tage stehenbleiben und aus verschiedenen Blickwinkeln betrachtet werden, um die Wirkung der Planung richtig einschätzen zu können.
Weiterhin dienen Fotografien vom Garten als Basis für Collagen, auf denen der Eindruck des geplanten Gartens skizziert werden kann.
Zum Plan, der die Gestalt des Gartens angibt (im Maßstab 1:50 oder 1:100, bei sehr großen Gärten 1:200), gehören die Pflanzlisten und notwendige Detailpläne. Die Pflanzung wird nach Bäumen, Solitärsträuchern, Sträuchern, Hecken, Rosen, Bodendeckern, Kletterpflanzen, Stauden und Blumenzwiebeln gegliedert. Zunächst werden die Bäume, Solitärsträucher und Hekken mit Namen, Größe und Stückzahl aufgeführt. Die Bodendecker, Stauden, Rosen und Blumenzwiebeln wie auch Rasen und Wiese werden nur als Fläche dargestellt, um erst in der weiteren Ausarbeitung nach Spezies und Sorte, Stückzahl und Größe aufgeführt zu werden.
Der Wert eines Planes wird bei der Einholung von Kostenangeboten für die Ausführungsarbeit deutlich. Zusammen mit der Pflanzliste gibt der Plan eine Basis für die Kostenberechnung. Bei einer professionellen fachmännischen Planung durch den Gartenarchitekten werden die Maße und damit der Leistungsumfang genau ermittelt. Sie bilden die Grundlage für die Kosten und die Arbeit im Garten.
Änderungen vor Ort sind kostspielig und sollten nur in dringenden Fällen durchgeführt werden, da sie erhebliche Auswirkung auf die Kosten haben. Eine fachmännische Ausführung ist immer zu empfehlen. Viele Arbeiten können nur vom Fachmann ausgeführt werden, wie Pflasterarbeiten und die Umpflanzung von größeren Bäumen und Sträuchern. Kein noch so begabter Hobbygärtner besitzt die notwendigen Fachkenntnisse und das Werkzeug, um diese Arbeit zufriedenstellend auszuführen.

Die Arbeitsschritte

Im Idealfall wird der Garten in *einer* Bauphase ausgeführt, zeitlich so geplant, daß die Pflanzung im Herbst oder Frühjahr gleich nach der Fertigstellung des Wege- und Platzbaus, der Bodenbearbeitung und eventuellen Modellierung erfolgt. Aus verschiedenen Gründen, primär aus Kostengründen, ist es jedoch oft nicht möglich, alles in einem Zug auszuführen. Insbesondere Neubauten erschöpfen die Geldressourcen, so daß oft wenig für den Garten übrig bleibt.
Die Investition eines vollkommen neuen Gartens ist beachtlich, in vielen Fällen ist eine schrittweise Verwirklichung die einzige Möglichkeit, den Traum vom individuellen Garten zu realisieren. Hier muß man sich zu helfen wissen.
Der Garten muß nicht auf einmal entstehen, es ist durchaus möglich, anhand des Planes ein Drei-Phasen-Programm vorzusehen.
Zuerst müssen die notwendigen befestigten Flächen am Haus angelegt werden: Wege zum Hauseingang, zum Garagenvorplatz, und schließlich die Traufe.
Als *zweite* Phase sollte die Verteilung der Wege, Terrassen, die Verlegung von Leitungen für Wasser und Strom (auch für spätere Einrichtungen) im Garten in Angriff genommen werden. Hierzu gehört genauso die Vorbereitung von Pflanzflächen, Pflanzgruben und Gräben wie die

Gerahmte Blumenbeete, üppige Kletterpflanzen, Hochstammbäumchen und passende Pflanzgefäße wurden Schicht für Schicht aufgebaut, bis zum gewünschten Ambiente.

Belegung mit Humus von Rasenflächen und Pflanzung von Großbäumen, Sträuchern und Hecken. In dieser Phase sollten auch Bodenbewegungen vorgenommen werden.
Als *drittes* kann die kostenintensive Staudenpflanzung wie auch die Ausstattung mit Mobiliar erfolgen. Zur Kostenreduzierung sind Ableger und vorgezogene Pflanzen der ausgesuchten Pflanzenarten, gestiftet von Verwandten und Bekannten, sehr wertvoll. Notwendige Korrekturen und Verfeinerungen der Gestaltung werden gleich mit ausgeführt.

Dann jedoch muß man die Weiterentwicklung des Gartens im Auge behalten, nicht nur bezogen auf die Pflege, sondern auch auf die Veränderung der Pflanzen durch ihr Wachstum. Lücken in der Staudenpflanzung müssen gefüllt, die Sträucher verjüngt und zurückgeschnitten, Sichtschneisen offengehalten werden. Der Garten bekommt seine eigene Dynamik, die Individualität wird mit zunehmender Reife ausgeprägter und betont.

Die Mustergärten eines Landschaftsarchitekten

An der Wegkreuzung, mit Blick auf den Rhododendrongarten zur einen Seite und den Stauden- und dahinterliegenden Rosengarten zur anderen, steht die überdachte Laube. Umrahmt von schützenden, grünen Mauern, bestuhlt mit bequemen Korbsesseln, lädt der Sommerplatz zum Verweilen ein.

Im Stil der englischen und der großen herrschaftlichen Gärten gehalten, besteht der Garten zu Klosterkielhof aus mehreren Gartenteilen: eine Abfolge von Gartenräumen von 140 qm bis 1100 qm. Mit insgesamt 10 000 qm ist auf dem Gutshof reichlich Fläche für die Realisation der vielen Gartenideen des Besitzers, Garten- und Landschaftsarchitekt Joachim Winkler, vorhanden.

Inzwischen sind die ursprünglich privaten Gärten zu Mustergärten für den potentiellen Bauherren geworden. Es sind im Maßstab 1:1 erlebbare Schaugärten, Beispiele von Herrn Winklers gestalterischem Können. Die insgesamt neun Gärten sind um drei Seiten des Wohnhauses gruppiert. Es sind eigenständige Bereiche, Gartenräume mit Blickverbindungen und torartigen Öffnungen; jeder ist einem anderen Thema gewidmet: der Rosengarten, der Bauerngarten, der Irisgarten, der Hausgarten, der weiße Garten, der Staudengarten, der Naturgarten, der Nutzgarten und als neuester Teil der Rhododendrongarten.

Bei der Gestaltung des Gesamtareals war die Schaffung von Windschutz vorrangig. Eine lange, mannshohe Rotbuchenhecke zwischen Weide und Garten bildet den ersten Wall, des weiteren bieten die Hecken um die einzelnen Gärten Schutz. Die Hekken, in allen Größen von hoch bis niedrig, sind nicht nur notwendig, vielmehr das Markenzeichen von Joachim Winklers Gestaltung.

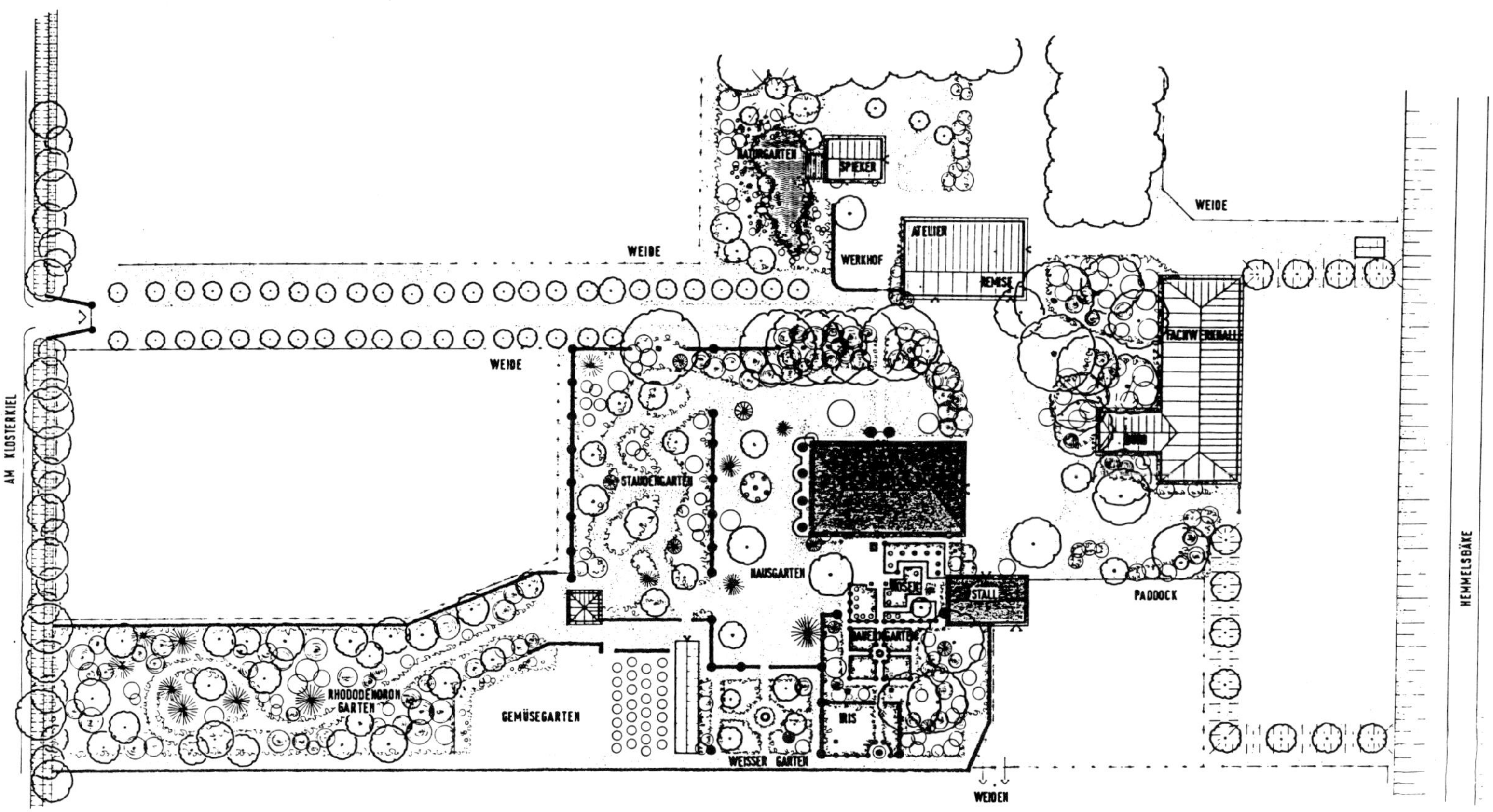

Gesamtplan des Gartens in Klosterkielhof im Maßstab 1 : 1000. Während der letzten zwanzig Jahre hat der Besitzer, Landschaftsarchitekt Joachim Winkler, den Garten erweitert und ergänzt, bis er das heutige Ausmaß erreichte: eine Abfolge von Gartenräumen, von denen jeder einem anderen Thema gewidmet ist.

Links: In Fortsetzung des Rosengartens liegt der Bauerngarten. Die Gestaltung der Beetumrahmung ist einheitlich, nur die Füllung der Beete mit duftenden Blumen und Kräutern unterscheidet sich. Der Eindruck eines Gartenraumes wird durch die hohe Rotbuchenhecke gesteigert. In der nächsten Abteilung hinter den Heckenbögen ist das Iriskabinett.

Unten: Die Umrahmung des Rosen- und Bauerngartens mit Buchshecken sorgt für eine Ganzjahreswirkung, während die Füllung mit Rosen und begleitenden Stauden Höhepunkte im Blütejahr garantiert.
Die Blütenfarben im Rosengarten beschränken sich auf die weiß-rosa-blaue Palette mit einzelnen roten Sprenkeln.
Rechts: Im Hintergrund die kräftig rosa blühende Hochstammrose »Bonica« und karminrosa »Fleurette«, im Vordergrund blaßrosa »New Dawn«.

Der Rosen- und Bauerngarten

Passend zum Stil des Fachwerkhauses sind beide, der Bauerngarten und der Rosengarten, nach traditionellen altbewährten Prinzipien konzipiert. Geometrische Beete, umrahmt von Einfassungsbuchsbaum, liegen beiderseits eines Klinkerweges, der auf das mittlere Rondell zuführt. Während die Beete in Hausnähe Rosen und begleitenden Stauden gewidmet sind, sind die unteren Beete mit Kräutern und Duftpflanzen gefüllt. Der Raum wird durch eine hohe Rotbuchenhecke eingefaßt und geschlossen. Zur Rosenblüte ist der Garten beeindrukkend, vor allem die Hochstammsorten »Bonica«, »Rosarium Uetersen«, »Fleurett« sowie die Kletterrosen »New Dawn«, hier zur Abwechslung als Hochstamm.

Das Iriskabinett

In der Achse des Bauerngartens, erreichbar durch einen Heckenbogen, liegt das Iriskabinett: ein fast quadratischer Raum mit völlig anderer Stimmung, trotz der Fortsetzung des Klinkerbelags und umrahmender Rotbuchenhecke des Bauerngartens. Der Schwerpunkt liegt bei den Schwertlilien, eine Leidenschaft von Frau Winkler, die in einer Steppenlandschaft präsentiert werden; Geröll und Steine, zwischen denen die Schwertlilien wachsen, begleitet von silbergrau- und blau-grünlaubigen Stauden wie Ziest, Lavendel und Gräsern.

Links: Schlicht, einfach und wirkungsvoll – die Hochstammrose »Schneewittchen« mit Buchsbaumkranz im kleinen Beet vor der Haustür.

Der weiße Garten

In Anlehnung an den berühmten weißen Garten von Vita Sackville-West[6] in Sissinghurst Garden, England, ist die Bepflanzung dieses Gartenraumes weißblühenden Pflanzen gewidmet. Die hohe Hecke wie auch die Rasenwege sind ein idealer Hintergrund und ein Kontrast zu den Blüten, ein Spiel mit Weiß und Grün. Die Wege im quadratischen Garten sind als Kreuz angelegt, in der Mitte durch einen runden Brunnentrog betont, umrahmt von weißen Rosen »Ilse Krohn« und niedrigen Schleifenblumen *(Iberis sempervirens)*. Das Thema Weiß, mit Ausnahme eines kräftigen, fuchsienfarbig blühenden Rhododendron »Smirnow«, ist konsequent durchgehalten; von einem weiß-rosa blühenden Pflaumenbäumchen bis zu den Sträuchern: Felsenbirne, gefüllter Flieder »Mme Lemoine«, weißer blühender Feuerdorn, wolliger, immergrüner Schneeball *(Viburnum rhytidophyllum)*, großblumiger Schneeball *(V. x carlcephalum)*. Auch die Stauden sind entsprechend ausgewählt worden: unter anderen weiße Glokkenblumen *(Campanula persicifolia* »Grandiflora Alba«), Rittersporn, Wiesenraute *(Thalictrum aquilegifolium* »Album«), Lupinen der Sorte »Fräulein« und *Geranium clarkei* »Kashmir White«. Sogar die Sitzbank ist in Farbe und Größe passend zum Maßstab des Gartens. Dieser 140-qm-Garten allein ist schon beispielhaft für einen kleinen Garten.

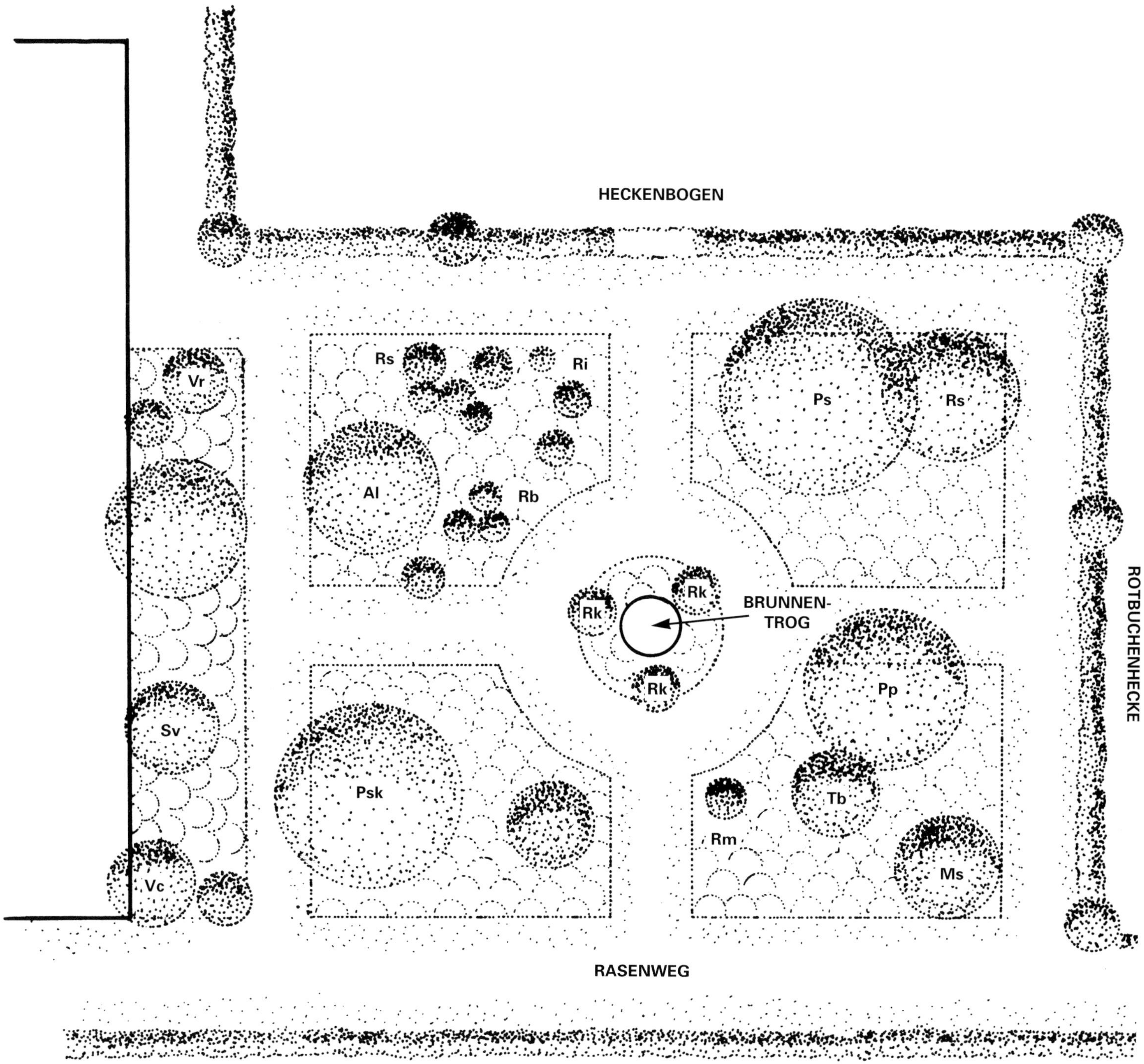

Der Grundriß des weißen Gartens im Maßstab 1 : 100 ist beispielhaft und überzeugend.

Al *Amelanchier lamarckii* Kupfer-Felsenbirne
Ms *Malus sargentii* Zier-Apfel
Ps Süßkirsche
Psk Sauerkirsche
Pp Pflaume
Rs *Rhododendron* »Smirnow«
Rb *Rosa* »Bella Weiß«
Rk *Rosa* »Ilse Krohn«
Ri *Rosa* »Immensee«
Rm *Rosa* »White Meidiland«
Rs *Rosa* »Schneewittchen«
Sv *Syringa vulgaris* hybr. »Mme Lemoine« Edelflieder
Tb *Taxus baccata* (als Kugel) Eibe
Vc *Viburnum x carlcephalum* Großblumiger Schneeball
Vr *Viburnum rhytidophyllum* Immergrüner Zungen-Schneeball

Stauden und Blumenzwiebeln (Farbträger je nach Jahreszeiten)

Frühjahr Blumenzwiebel
Frühsommer Glockenblume – Campanula, Rittersporn – Delphinium
Spätsommer Herbstaster, Flammenblume

Der Nutzgarten im Maßstab 1 : 100. Die schmalen Wege strahlen vom Mittelpunkt aus, die Symmetrie wird durch die breiten, diagonalen Hauptwege entschärft.

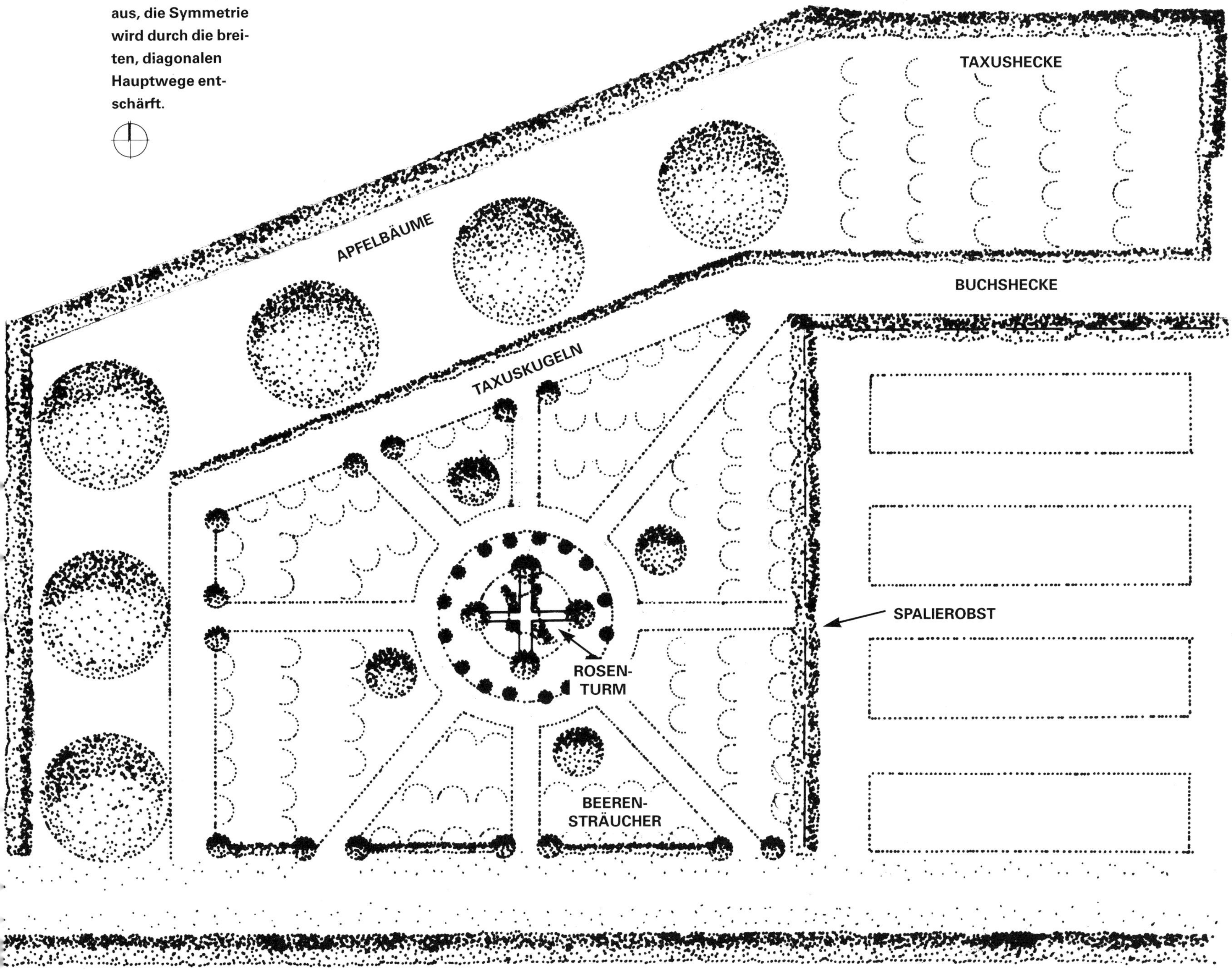

Links: Der weiße Garten mit grüner Begleitung. Um den Steintrog, den Mittelpunkt des quadratischen Gartens, die Rosen »Ilse Krohn«. Im Vordergrund, passend zum Rittersporn, die Rose »Bella Weiß«.

Unten: Als Krönung des Nutzgartens ein blühender Turm aus Rosa »Rambling Rector«. Nicht nur Gemüse, Kräuter und Obst werden hier angebaut, sondern auch Schnittblumen.

Der Nutzgarten

Vor einem Jahr wurde der 330 qm große Nutzgarten analog zu den anderen Gartenräumen umstrukturiert. Die bekannten Gestaltungselemente (Hecken als Schutz und Einfassung, Kugeln und Pyramide als Auftakte) wurden auch hier bei der Planung verwendet.
Eine starke Diagonale, verstärkt durch eine einseitige Buchsbaumeinfassung und Apfelbaumallee, hebt die Gestaltung des Gartens und überspielt das wiederkehrende Kreuz als Gestaltungsmotiv. Spalierobst, Birnen und Äpfel, trennen das Beerenobst vom Gemüse- und Schnittblumenbeet, eine Umsetzung von Joachim Winklers Heckenthema. Mittig im Garten wächst an einem filigranen Gittergerüst ein Rosenturm aus weißgelblich blühender *Rosa* »Rambling Rector« und rosablühendem »Raubritter«.
Wie in allen Gartenbereichen ist die Wegebefestigung im Vergleich zu den Pflanzen zweitrangig. Stimmig funktional, aber keinesfalls eine optische Ablenkung, sind die Wege im Nutzgarten aus weichem Rindenmulch.
Die Pflege der Gärten liegt in den Händen von Frau Winkler, mit gelegentlicher Unterstützung von Fachkräften. Die Begeisterung und das Verständnis für den Umgang mit Pflanzen sind spürbar, ein Lebenswerk, das auch die Umsetzung von Gestaltungsprinzipien demonstriert.

Neue alte Gärten
Mit Stil – jenseits von Mode und Trends

Entworfen vom Münchner Gartenarchitekten Gerhart Teutsch, verdeutlichen der Gartenplan im Maßstab 1 : 200 (rechts) und die Aufnahme die Verschmelzung zwischen neuen und traditionellen Gestaltungsformen.

Eine Aufgabe unserer Zeit ist die Umwandlung von großen Villen und ihre Anpassung an die heutigen Bedürfnisse. Allzuoft stellt die Renovierung keine Verbesserung dar. Das Anwesen verliert seine Persönlichkeit und bekommt einen Allerweltscharakter. Um so erfreulicher ist es, eine gelungene, beispielhafte Verknüpfung von Alt und Neu, von Außen- und Innengestaltung zu sehen. Die neubarocke Villa Krantz, 1924 von den Architekten Heilmann und Littmann für einen wohlhabenden Baumeister entworfen, wurde im 2. Weltkrieg stark beschädigt. Der Erwerb des Grundstücks durch die Argenta-Unternehmensgruppe gab den Impuls für die komplette Renovierung und Restaurierung der Villa nach den Plänen der Münchner Architekten Grüner + Schnell. Nicht nur am Gebäude, sondern auch im Garten wurde sorgfältig gearbeitet. Nach den Plänen des Gartenarchitekten Gerhart Teutsch entstand ein Garten, der den unterschiedlichen Anforderungen zwischen Repräsentanz- und Privatgarten gerecht wird. 1984 ausgeführt, zeigt der Garten zugleich Frische wie auch Reife. Er vermittelt ein Gefühl von Geborgenheit, wie es üblicherweise nur von einem wesentlich älteren Garten erwartet werden kann. Der Grund für diese gegensätzlichen Empfindungen liegt in der Gestaltung. Moderne Elemente wurden mit barocken Formen gekoppelt, eine schwierige Mischung, die künstlerisches und kulturelles Verständnis voraussetzt.

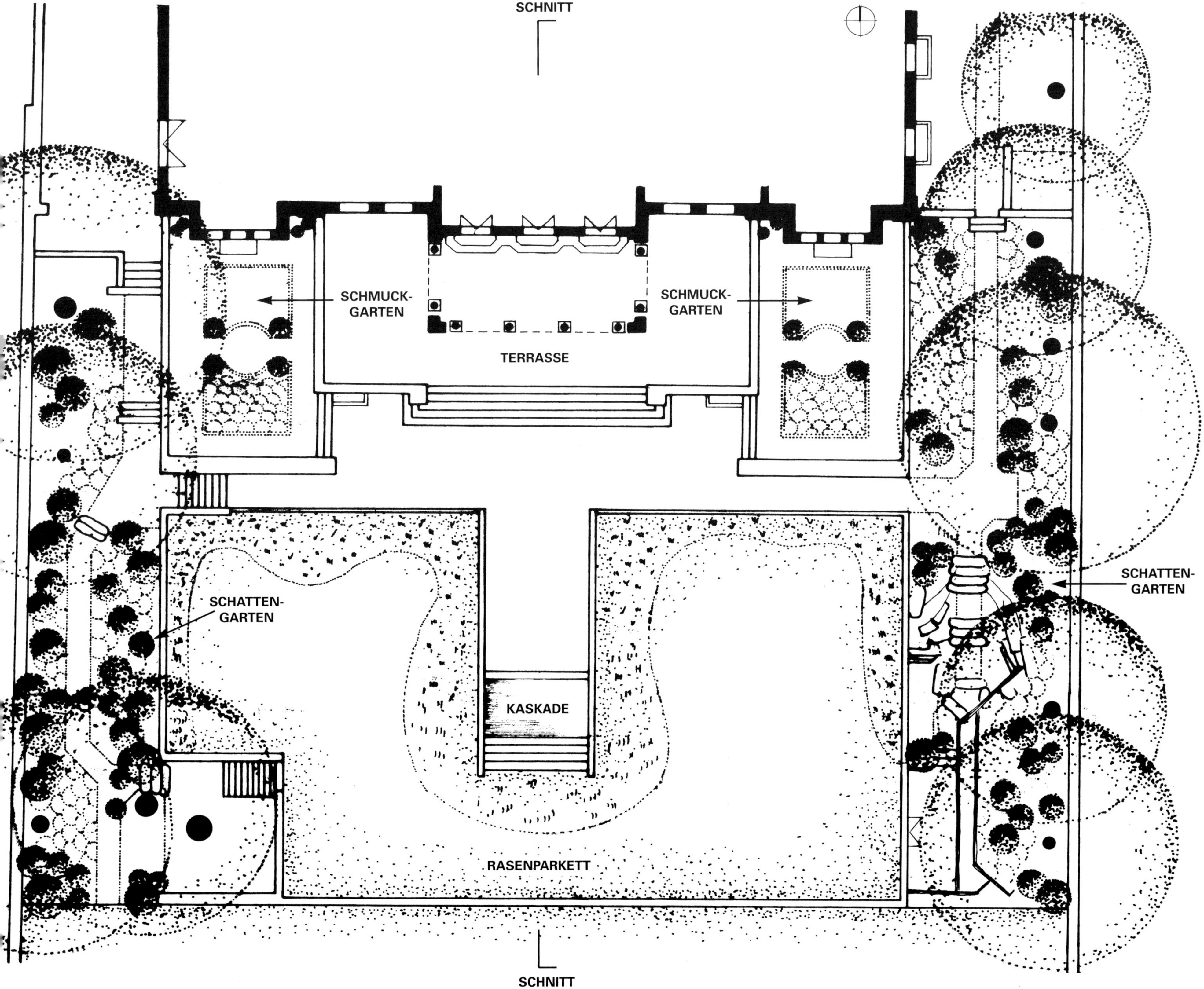
SCHNITT
SCHMUCK-
GARTEN
SCHMUCK-
GARTEN
TERRASSE
SCHATTEN-
GARTEN
SCHATTEN-
GARTEN
KASKADE
RASENPARKETT
SCHNITT

Links: Die Beete sind abwechselnd mit Frühlings-, Sommer- und Herbstflora bepflanzt. Hier die Frühlingsgarnitur: rote und gelbe Tulpen, mit dunkelvioletten Stiefmütterchen unterpflanzt.

Unten: Die sonst ruhige, glatte Rasenfläche verwandelt sich im Frühling in ein Blütenmeer, Bänder von roten und gelben Tulpen wickeln sich um die Kaskade, wie auch weiße und blaßgelbe bis gelbe Narzissen.

Rechts: Das Sommerbild der Schmuckgärten: flächendeckende, tiefrote Begonien. Die Vorteile der klassischen Parterrepflanzung – einer wechselnden Beetpflanzung – sind nicht nur die eindeutigen saisonalen Unterschiede, sondern auch die Freiheit, die Pflanzenauswahl von Jahr zu Jahr abzuändern.

Gliederung und Struktur

Die klare Gliederung gibt dem Garten Struktur und Halt. Eine ablesbare Reihenfolge von Gartenräumen – das mittige Rasenparkett, begleitet beiderseits von Schattentälern, und die Blumenparterres, dem Haus und der Terrasse zugeordnet. Entsprechend der Aufteilung bewegen sich die jahreszeitlichen Ereignisse tatsächlich räumlich durch den Garten: eine Entfaltung von Farben, die Frühlingsblüte in der Mitte, gefolgt von der Rhododendronblüte am Rand, anschließend die Sommerpracht am Haus bis zur Winterlandschaft im ganzen Garten.

»Parterre vert« – das Rasenparkett

Im Ausgleichsverfahren wurde die untere Hälfte des Gartens an einen anderen Eigentümer abgetreten. Durch eine kühne Gestaltung konnte der Verlust des parkähnlichen Teils des Gartens mit altem Baumbestand gemildert werden. Vom Fuß der Terrasse aus steigt das Rasenparkett, die verkürzte Länge des Gartens an, und die Grenze zum Nachbarn wird überspielt. Der Blick wird zu den Baumkronen gelenkt, die Grenze selbst wurde offengehalten, weder zugepflanzt, noch eingezäunt. Dadurch ist die Kulisse dem Garten optisch zugeordnet. Der gewonnene Raum unter dem Rasen wurde als Platz für technische Einrich-

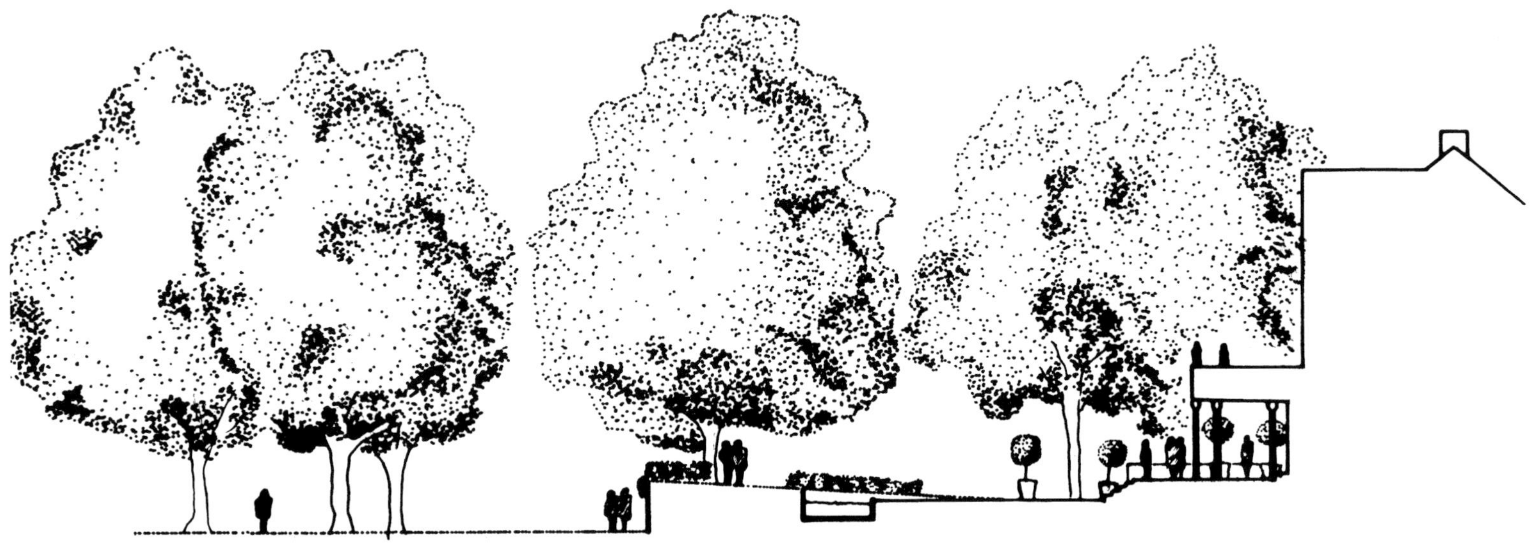

tungen und Überwinterungsstätte für die vielen Topfpflanzen ausgebaut.
Die Mitte des Rasenparketts umspielen zwei volutenartig geschwungene Bänder (siehe Plan) aus Blüten, Büscheln von gelben, blaßgelben und weißen Narzissen, übergehend in gelbe und rote Tulpen. Ein Höhepunkt, der besonders aus den oberen Etagen zu genießen ist. Noch lange nach der Blüte ist die barocke Form der Blumenwiese ersichtlich. Die Blumenzwiebeln, insbesondere die Tulpen, werden alle zwei bis drei Jahre ausgetauscht, um eine kräftige Blüte zu gewährleisten.

Die Schattengärten

Parallel zum Rasenparterre, in der Vertiefung auf der ursprünglichen Geländehöhe, unter den vorhandenen Bäumen und im Schatten der Gartenmauer, sind die Schattenbeete.
Neben den immergrünen Eiben, den hohen Buchsbäumen und einzelnen Stechpalmen *(Ilex aquifolium* »Alaska«) sind die Rhododendren. Um ihr Gedeihen zu gewährleisten, wurde der kalkhaltige Boden ausgetauscht. Sorgfältiges Gießen und Pflege sind notwendig, um die fehlende natürliche Feuchtigkeit und den nicht vorhandenen sauren Boden auszugleichen. Sorten wie lilarosa *Rhododendron catawbiense*, »Roseum Elegans«, weiße »Cunningham's White« und lila »Grandiflorum« wurden gepflanzt wie auch Duftazalee »Nancy Waterer« und »Kosters Brilliant Red«. Unter den Sträuchern immergrüne Bodendecker, *Vinca minor*, Efeu, Stauden wie Frauenmantel *(Alchemilla mollis)*, selbstaussäender Scheinmohn *(Meconopsis cambrica)* und Wurmfarn *(Dryopteris filix-mas)*.

Schmuckgärten

In Anspielung auf das Neubarock liegen zu beiden Seiten der Terrasse die leicht abgesenkten Blumenparterres. Dies sind im Kontrast zu den Schattengärten streng gegliederte Flächen. Die Beete, eingefaßt von einer einzeiligen Reihe Granitkleinsteinpflaster und Einfassungsbuchs sind abwechselnd mit Frühlings-, Sommer- und Herbstflora bepflanzt. Die Sommerblumen variieren in der Farbe und in der Höhe, mit Dahlien, Begonien, Tagetes und Löwenmaul für ein Jahr; im nächsten Jahr sind es flächendeckende Begonien. Wie Schnittblumen sind die Pflanzen je nach Wunsch jahreszeitlich austauschbar. Am Rand des Parterres stehen Terrakotta-Töpfe mit weiß und rosa Oleander *(Nerium oleander)*, Hochstamm-Fuchsien, Engelstrompete *(Datura aurea)*, Lorbeerbaum, Hochstamm-Margeriten und *Abutilon vitifolium*, ein riesiges Malvengewächs mit zarten lila Blüten.

Links: Der Längsschnitt im Maßstab 1 : 250 zeigt die Gestaltungsabsicht des ansteigenden Parketts, das nach dem Prinzip eines Flachdaches entworfen ist. Der gewonnene Raum wird für Wirtschaftseinrichtungen wie das Überwinterungslager für die nicht winterharten Pflanzen verwendet. Der Blick ist auf die Baumkronen gelenkt, durch die unsichtbare Grenze erscheint der Garten länger.

Rechts: Die Schmuckgärten beiderseits der Terrasse waren ursprünglich als Staudenbeete geplant. Der Pflanzplan im Maßstab 1 : 50 von Landschaftsarchitekt Gerhart Teutsch gibt Angaben zu den vorgesehenen Pflanzen (siehe Pflanzliste).

	Botanischer Name	Deutscher Name	Blütenfarbe	Blütezeit
Ad	*Aster* Dumosus-Hybride »Herbstgruß v. Bresserhof«	Kissenaster	rosa	IX–XI
Ab	*Aster novae-angliae* »Barr's Blue«	Rauhblattaster	dunkelblau	IX–X
Ar	*Aster novae-angliae* »Rubinschatz«	Rauhblattaster	rubinrot	IX–X
Anr	*Aster novae-angliae* »Rudelsburg«	Rauhblattaster	lachsrosa	IX–X
And	*Aster novi-belgii* »Dauerblau«	Glattblattaster	dunkellila-blau	IX–X
Am	*Aster novi-belgii* »Marie Ballard«	Glattblattaster	blau	IX–X
Dr	*Dendranthema*-Grandiflorum-Hybride »Red Velvet«	Gärtner Chrysanthemum	dunkel-karminrot	VII–X
Dh	Koreanum-Hybride »Hebe«	Gärtner Chrysanthemum	hellrosa	VIII–X
Di	Koreanum-Hybride »Isabellrosa«	Gärtner Chrysanthemum	rosa	VIII–X
Dp	*Delphinium*-Belladonna-Hybride »Piccolo«		azurblau	VI–VII
	Lupinus Polyphyllus-Hybride			
Le	– »Edelknabe«	Lupine	karminrot	V–VII
Lf	– »Fräulein«	Lupine	cremeweiß	V–VII
Lk	– »Kastellan«	Lupine	blau, weiß	V–VII
Ls	– »Schloßfrau«	Lupine	rosa, weiß	V–VII
Pa	*Paeonia officinalis* »Alba Plena«	Pfingstrose	gef. weiß	V–VI
Pr	*Paeonia officinalis* »Rosea Plena«	Pfingstrose	gef. rosa	V–VI
	Phlox Paniculata-Hybride			
Pl	– »Landhochzeit«	Flammenblume	frischrosa	VII–VIII
Pd	– »Düsterlohe«	Flammenblume	dunkel-violett	VI–VIII
Ps	– »Sternenhimmel«	Flammenblume	hellviolett	VI–VII
RU	Trauerrose »Rosarium Uetersen«	Rose	leuchtend-rosa	
ND	Trauerrose »New Dawn«	Rose	hellrosa	
S	Trauerrose »Sympathie«	Rose	tiefrot	
IK	Trauerrose »Ilse Krohn«	Rose	reinweiß	
	Blumenzwiebeln			
	Lilium candidum	Madonnenlilie	weiß	VI–VII
	Triumph-Tulpe »Attila«	Madonnenlilie	hellviolett	IV–V
	Triumph-Tulpe »Meißner Porzellan«	Madonnenlilie	rosa, weiß	IV–
	Triumph-Tulpe »Pax«	Madonnenlilie	reinweiß	IV–V
	Triumph-Tulpe »Prominence«	Madonnenlilie	dunkelrot	IV–V
	Einfassung			
	Buxus sempervirens »Suffruticosa«	Beet-Buchsbaum		

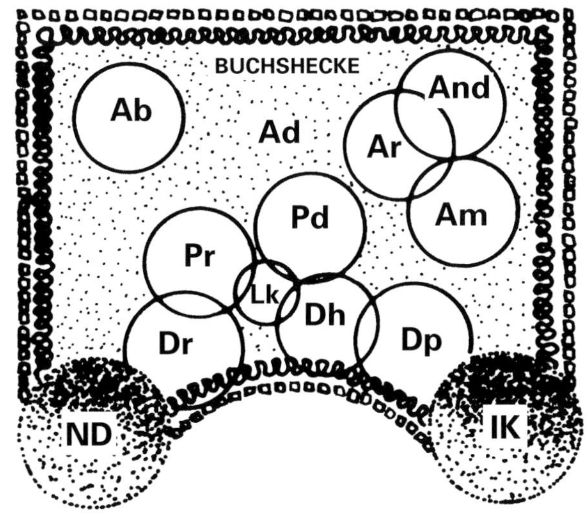

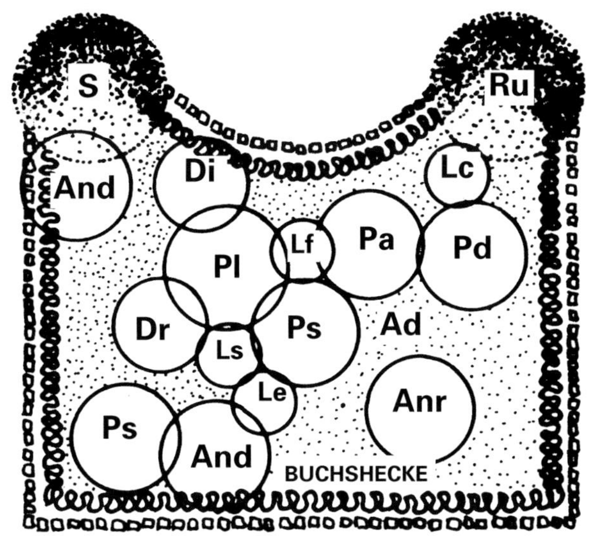

Kunst im Garten

Die Qualität des Gartens wird durch die Kunstwerke gehoben. Beschränkt auf zwei Arbeiten, sind sie ein wichtiger Teil des Gartens und nicht nur Begleitobjekte. Von Hans Ladner für den Garten konzipiert, ist die fünfstufige Wassertreppe eine spiegelbildliche Verlängerung der Terrassenstufen; eine wichtige gestalterische Unterbrechung und Gliederung des Rasenparketts, eine Betonung der ansteigenden Fläche. Entlang der Gartenmauer, wie eigens dafür geschaffen, befindet sich eine Kostbarkeit für die Seele: »Der Totentanz«, eine Relief-Serie von Markus Lüpertz. Eine feine zurückhaltende Arbeit mit besonderer Ausstrahlung, die sich in den kühlen Schatten der Bäume einschmiegt.

Eine Gartenempore

Im ersten Stock, nur vom Arbeitsraum aus zugänglich, liegt ein Gartenrefugium, ein von 2 m hohem weiß- und rosablühendem Oleander abgeschirmter Bereich. Südländisches Flair mitten in München! Terrakotta-Töpfe mit Hochstamm-Topfpflanzen, umrahmt von einem Kranz aus weißblühendem Alyssum, Santpaulia in Dunkelrosa oder Weiß, oder im Schattenbereich Efeu. Als Höhepunkt der Komposition ein Mandarinenbäumchen zwischen zwei Fenstern an der Hauswand. Die Details sind gekonnt und stimmig bis hin zu den fast durchsichtigen Perlenfädenhalterungen der Pflanzen. Die Gestaltung erfüllt eine der schwierigsten Aufgaben in einem Garten, nämlich das Gleichgewicht zwischen Schaugarten und Wohngarten in einem erfaßbaren und erlebbaren Maßstab herzustellen.

Links: Kunst im Garten kann ein sehr heikles Thema sein; im Garten der Villa Krantz sind nicht nur die Arbeiten, sondern auch ihre Plazierung durchdacht. Die Relief-Serie »Der Totentanz« von Markus Lüpertz wirkt durch den schattigen Standort und die entsprechende Pflanzung noch kräftiger.

Unten: Der geheime Garten im ersten Stock. Die Oleanderhecke schützt nicht nur vor Blicken von außen, sondern gibt ein Raumgefühl. Im Winter werden alle Topfpflanzen im Winterquartier unter dem Rasenparkett gelagert.

Ein Garten mit Ausblick

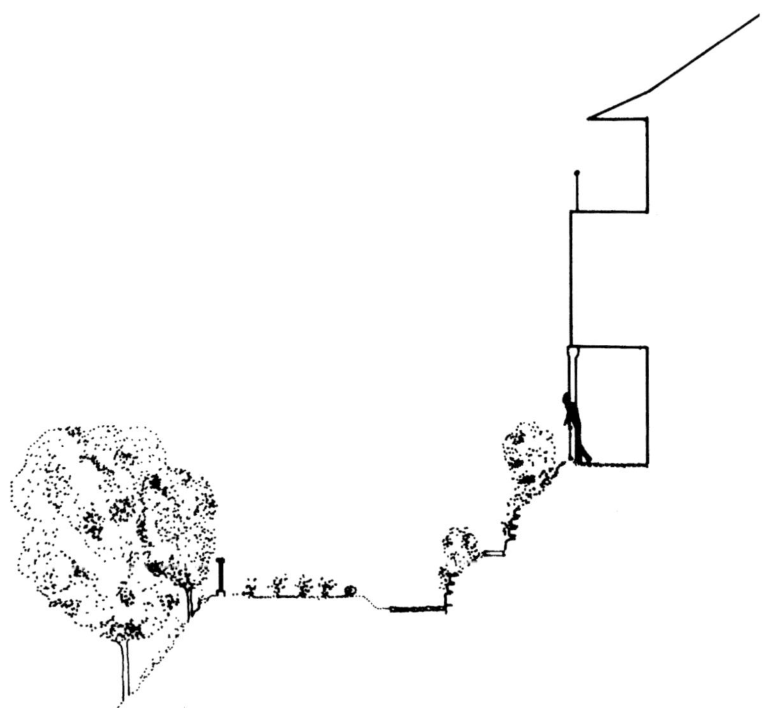

Der Split-level-Garten, entworfen von der Autorin in Zusammenarbeit mit den Besitzern, nutzt die gestaffelten Gartenebenen wie auch die Blickbeziehungen von einer Terrasse zur anderen. Der Querschnitt im Maßstab 1 : 200 zeigt die Höhenunterschiede zwischen den drei Terrassen und dem Haus.

Mitte der 80er Jahre, als Arnulf und Irmtraud Mallach das Jugendstilhaus am Isarhochufer übernahmen, war es die Verwirklichung ihres Traumes, das Haus der Kinderzeit zu besitzen und ihm seinen ursprünglichen Glanz zurückzugeben. Erbaut im Jahre 1907 von Franz Rank, ist das Anwesen dank des Einsatzes von Familie Mallach ein Prachtstück. Auf den ersten Blick spürt man Feingefühl, Liebe zum Detail und vor allem das Erfassen des Charakters von Haus und Garten. Weder überzogen noch geleckt, ist das Idealmaß an Erneuerung getroffen worden.
Im Haus wurden nach Originalplänen die alten Grundrisse wiederhergestellt, Ausstattung und Details nach alten Fotos und Zeitschriften rekonstruiert. Für den Garten waren weder Pläne noch Fotos vorhanden, lediglich Reste: die alten Bäume und Sträucher, ein Sommerhaus, Aussichtsterrassen und Treppenanlagen. Eine Vorstellung, wie der Garten 1954 ausgesehen hatte, war wichtig, um das Neue aus den 60er Jahren vom alten Original zu trennen.
Eine Ausstellung über Natursteinpflaster gab den Impuls, sich über die Beläge für die vielen Terrassen und Wege Gedanken zu machen. Beim Informationsgespräch mit einer Pflasterfirma wurde deutlich, daß der Belag zwar ein wichtiger Teil des Gartens ist, daß aber ein Gartenplan notwendig war, um den Rahmen abzustecken und den Stil anzugeben. Zur Umsetzung und Koordination der Ideen und Vorstellungen

Die historischen Grundzüge des Jahrhundertwendegartens wurden aufgegriffen und im Plan neu interpretiert, vor allem die Einarbeitung von Jugendstilmotiven. Die Verteilung der Bereiche, den Funktionen entsprechend, wurde durch die Terrassen vorgegeben. Da der Garten die Ausblicke in die Umgebung mit einbezieht, scheint er größer zu sein, als der Plan im Maßstab 1 : 200 ihn zeigt.

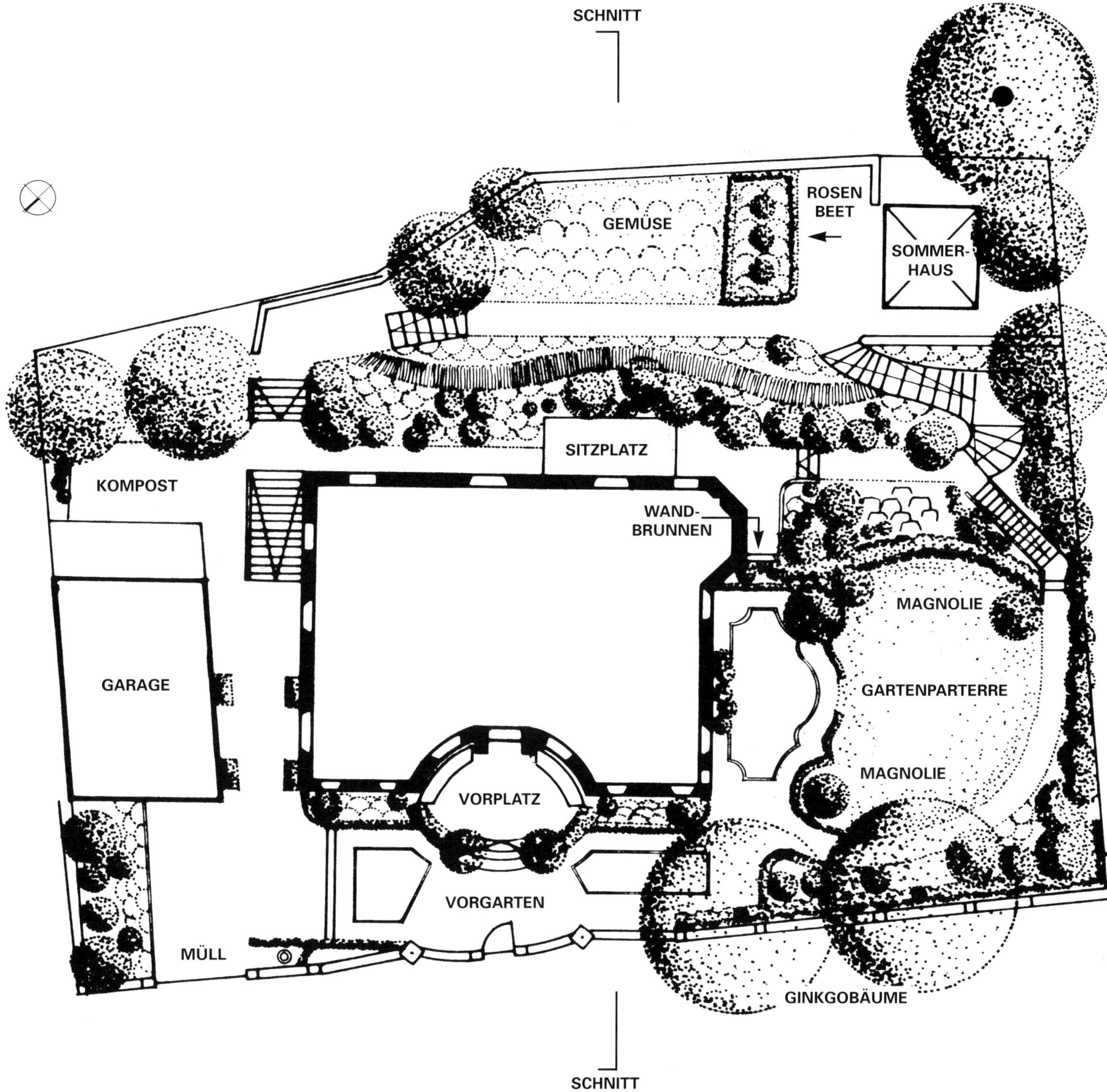

Unten: In mühevoller Arbeit wurden gebrauchte Granit-Bordsteine aus einem städtischen Steinlager besorgt, die nachträglich als schmaler Weg am Hang eingebaut wurden.

Rechts unten: Ein alter Schuppen unterhalb des Balkons wurde beseitigt, um einen Aussichtsplatz vor den Arbeitsräumen anzulegen. Pflaster und Pflanzkübel nehmen die Hausfarben Weiß und Blau auf.

wurde die Autorin als Gartenarchitektin eingeschaltet.
Bevor geplant werden konnte, mußte der Bestand aufgenommen werden, eine Grundlagenermittlung von großer Bedeutung. Anhand dieser Informationen war der Umfang der Arbeit klar. Ziel war eine schrittweise Verwirklichung, wobei der Rahmen (die Wege und Terrassen) wie auch wichtige Pflanzungen zuerst ausgeführt werden sollten, die Füllung und Details sollten nach und nach erfolgen.

Der gesamte 900-qm-Garten ist terrassiert. Es sind drei Ebenen, die sich stufenweise der Isar nähern:

- Ein breiter Bereich auf Straßenebene mit Hauseingang, Garagenvorplatz und seitlich gelagertem Gartenparterre;
- Eine schmale Terrasse, fast nicht breiter als eine 2 m breite Traufläche zum Büroeingang und Wirtschaftsraum;
- Eine untere 6 m breite Terrasse mit Sommerhaus, Rosen- und Gemüsebeet.

Zwischen den Terrassen sind steile Böschungen, die nicht nur zur Hangsicherung dienen, sondern auch als interessante Pflanzflächen. Sehr wichtig ist die Draufsicht von einer Terrasse zur anderen und vom Haus, einmal auf den Garten selbst und der Fernblick ins Isartal. Die Aussicht ist ausschnittweise gerahmt, nicht verstellt oder zugepflanzt.

Der Gartenplan erfaßte alle Aspekte der Gartengestaltung, nahm Rücksicht auf den Stil des Hauses, spiegelte im Detail einzelne Elemente und deren Gestaltungssprache wider und nahm Bezug auf den Garten als »Schauplatz«.
Die Ausführung des Gartens geschah in eigener Regie, Fachkräfte wurden für besondere Arbeiten wie Pflasterungen und Pflanzung der Sträucher zugezogen. Eine Besonderheit sind die Pflasterarbeiten, eine Meisterleistung des Pflastererhandwerks, ausgeführt vom Pflasterermeister Bachhäubl. Die Qualität der Fläche prägt die Stimmung des Gartens und setzt den Maßstab für die gesamte Anlage. Es sind hauptsächlich Mosaiksteinpflaster in Granit (grau), ergänzt mit Basalt (schwarz) und Carrara-Marmor (weiß), der Granit als Füllung, der Marmor als Zierband und Einfassung. Der Wechsel der Verlegungsarten, vor allem auf den Terrassen, ist gekonnt und nimmt das Jugendstil-Motiv auf: Reihenpflaster für die Bordüre, Segmentbogenpflaster für die Füllung.
Neben solchen Ganzjahres-Attraktionen wie Aussicht und Pflaster nehmen die Pflanzen eine untergeordnete Rolle ein. Die Ausnahme sind die Fächerblattbäume *(Ginkgo biloba)* am Rande der breiten oberen Terrasse; straßenbegleitende Seltenheiten, Urbäume, die ihre eigene Gattung haben, vertreten nur durch diese einzige Spezies. Mit ihren markanten fächerförmigen Blättern, die sich im Herbst knallgelb färben, sind die Bäume das Wahrzeichen des Gartens.
Ziel der Neupflanzung war es, eine Farbharmonie und eine standortgerechte und funktionale Gliederung der Pflanzen in den Garten zu bringen. Während die Sträucher nach Plan gepflanzt wurden, sind die Stauden nach Pflanzlisten bestellt und in vielen Bereichen an Ort und Stelle ausgelegt worden. Nur so konnte auf die örtlichen Gegebenheiten und die Stärke der einzelnen Pflanzen Rücksicht genommen werden.

Der Vorgarten wurde insgesamt gelichtet und gegliedert. Die düstere, außer Kontrolle geratene Thujahecke wurde durch eine lichtere, besser geeignete Hainbuchenhecke *(Carpinus betulus)* ersetzt. Wesentlicher Bestandteil sind die multifunktionalen Pflasterflächen wie auch das kunstvoll gestaltete Eingangspodest. Die Pflanzbeete beiderseits des Eingangs wurden zunächst mit einer Doppelreihe Einfassungsbuchs *(Buxus sempervirens* »Suffruticosa«) umrahmt. Einige Jahre später wurde die innere Reihe herausgenommen und als Einfassung für das Rosenbeet verwendet.
Die Blüten sind absichtlich in blauen und zartlila Tönen in Koordination mit der Hausfarbe (Hellblau und Weiß) gehalten: 2 m hohe Samthortensie *(Hydrangea aspera ssp. sargentiana)* mit bezauberndem flachen

Zu Seite 52: Die Führung von einer Ebene zur anderen ist mit Feingefühl bewältigt; ein Halbkreis markiert den Treppenansatz.

Zu Seite 53: Das Sommerhaus mit vorgelagertem Rosenbeet; Trauerrose »Rosarium Uetersen«, unterpflanzt mit Rosa »Märchenland«, versteckt hinter dem Gemüsebeet.

Blütenteller, die Knospen lila, die einzelnen Blüten weiß; dazu blaßblau blühende Funkien *(Hosta elata syn. fortunei)* und blaues Immergrün *(Vinca minor)*.
Die Farbgebung wurde in der wegbegleitenden Pflanzung am oberen Gartenparterre fortgesetzt, ergänzt mit einem Klecks Gelborange:
Weiß-rosa Blüten der Tulpenmagnolie *(Magnolia x soulangiana)*, gefüllter weißer Edelflieder »Mme Lemoine« und Gartenjasmin *(Philadelphus x virginalis)*, weißer Schmetterlingsstrauch »Peace« und weiße Rispen der Prachtspiere *(Astilbe arendsii* »Brautschleier«);
Eine lila-bläuliche Gruppe, von lila Edelflieder »Katherine Havemeyer«, dunkelviolettem Schmetterlingsstrauch »Île de France« bis zu den Stauden, *Bergenia*-Hybriden »Abendglut« und Funkien *(Hosta sieboldiana)*;
Als Kontrast zu der Farbharmonie und auch als Vorbote der Ginkgo-Herbstfärbung *Azalea x mollis* »Golden Sunset« und »Gibraltar«. In ähnlichem Stil wurde in den anderen Schattenzonen und Böschungen gearbeitet.
In der zweiten Phase der Ausführung wurde mit großem Mut die Böschung in Angriff genommen. Das Hangbeet wurde neu angelegt. Die Mallachs hatten beschlossen, die Böschung aufzuwerten. Die alten Sträucher, Eiben und ausladenden Haselsträucher wurden entfernt oder, im Fall der Eiben, zurückgeschnitten.

Unten: Das Eingangspodest nimmt das Sonne-Motiv der Haustüre auf; am Rand die originale halbrunde Hausbank, die mühevoll restauriert wurde. Rechts und links zwei *Crataegus*-Hochstammbäumchen.

Rechts: Eine unansehnliche Betonwand wurde mit einem Mosaik aus hellem und dunklem Isarkiesel kaschiert. Als Motiv dienten die Blätter des Hausbaums, *Ginkgo biloba*, nicht nur wegen des Bezugs zum Haus, sondern auch in Einklang mit dem Jugendstildekor, der innen wie außen anzutreffen ist.

Hinzu kam eine neue Zwischenebene, ein geschwungener Weg aus gebrauchten Granit-Bordsteinen, ein Verbindungs- und Pflegeweg. Die vorhandene Nagelfluh-Steinmauer wurde entlang der gesamten Länge des Weges ergänzt. Zwischen den Fugen wachsen jetzt allerlei Steingewächse. Die Stauden, die während der ersten Phase der Ausführung gesetzt worden waren, wurden umgepflanzt. An ihrem neuen, helleren Standort gedeihen sie gut und kommen besser zur Geltung. Durch diese Maßnahme fließen die Gartenebenen jetzt gleichsam ineinander, die Trennung ist verschwunden, Blickbeziehungen sind hergestellt. Neben der Sommerhausterrasse legte Frau Mallach ein Rosenbeet an, einfach und historisch gehalten, passend zum Ambiente. Mittelpunkt sind die Trauerrosen »Rosarium Uetersen« mit kräftig öfterblühenden rosa Blüten, unterpflanzt mit der sehr beliebten weißen *Rosa* »Swany«, »Fiona« und »Märchenland«, einer guten Kleinstrauchrose mit hell- und lachsrosa halbgefüllter Blüte. Die künstlerische Begabung der Besitzerin ist überall zu spüren: Details wie das Brunnenwandmosaik aus weißem und dunkelgrauem Isarkiesel in Ginkgo-Blattmuster und das Eingangspodest mit Sonnenmotiv, übernommen von der Eingangstüre.

Der Nutzgarten als Kunstform
Die Gärten von Villandry

Villandry, ein französischer herrschaftlicher Garten der Renaissance, beweist, daß Nutzgärten nach den gleichen formalen und ästhetischen Prinzipien angelegt sein können wie Ziergärten. Nach vielen Veränderungen wurde der Garten zwischen 1906 und 1924 vom Besitzer Dr. Joachim Carvello, einem gebürtigen Spanier, restauriert. Als Vorlagen nahm er Stiche aus dem 16. Jahrhundert von Jacques Androuet du Cerceau.[1]
Die Wiederherstellung des Gartens ist eine besondere Leistung, denn die Gärten – insbesondere der 5000 qm große »Jardin Potager«, der Gemüsegarten – dienen heute als Inspiration für viele Gärten. Der Nutzgarten besteht aus neun großen Quadraten, geteilt in geometrische Beete, und ist umrahmt mit Buchshecken. Zwischen den Beeten liegen helle Wege aus heimischem Loiresand. Aus der Ferne wirken die Quadrate wie Labyrinthe. Das Gemüse, Kohlköpfe, allerlei Salate, Mangold, wird wie Zierpflanzen zelebriert. Ähnlich wie bei Blumenbeeten werden die Pflanzen zweimal jährlich nach der Ernte gewechselt.

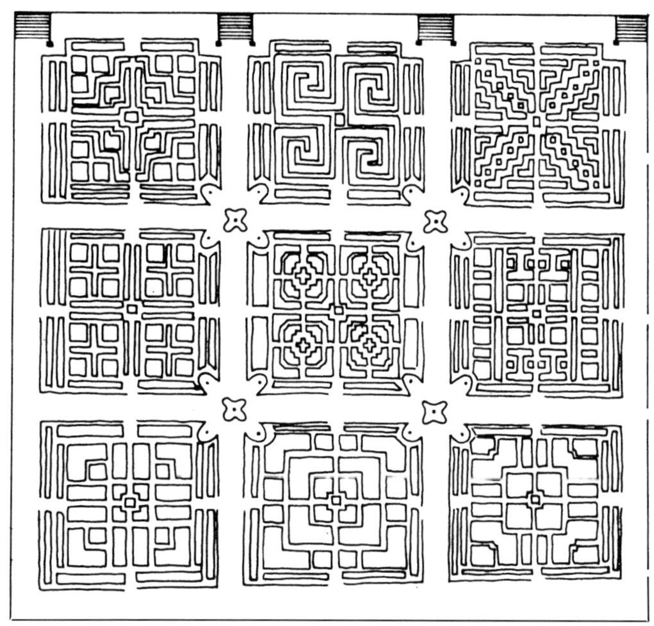

Übersichtsplan des Gemüsegartens, auf der untersten Terrasse der Gesamtanlage (entnommen aus: »Die Gärten von Villandry – Techniken und Pflanzen«, Colmar 1985). Die unterschiedlichen geometrischen Aufteilungsmöglichkeiten eines Quadrates sind aus den neun Beeten ersichtlich. An den Kreuzungspunkten liegen Brunnen und zurückgesetzte Lauben.

Der Garten, gesehen vom Schloß oben rechts, die untere Terrasse mit Gemüsegarten im Vordergrund, die mittlere Terrasse mit Ziergärten, oben links die obere Terrasse mit Wasserbekken und Rasenflächen.

Rund um das Quadrat

In Vierergruppen unterteilt, umrahmt mit Einfassungsbuchs *(Buxus sempervirens var. sempervirens)*, wechseln die Beete im Bild zwischen aufregenden, pulsierenden Flächen im Spätsommer und ruhigem, frischem Grün im Frühling, wobei die Ecken des Quadrates allmählich unterschiedliche Gestalt annehmen; eine Arbeit, die sich über Jahre erstrecken wird, bis gewölbte Formen und Rauten eindeutig sichtbar sind.

Die Chance, den persönlichen Gartenstil zu verwirklichen, kommt selten. Nur nach eigenen Vorstellungen und Maßstäben arbeiten zu können, ist noch seltener. Allzuoft müssen Kompromisse eingegangen werden, Zugeständnisse, die einen Entwurf verwässern können.
Als Landschaftsarchitekt Reinhard Vogler Anfang der 80er Jahre mit seiner Familie in das Jugendstilhaus in Bregenz einzog, bekam er diese Gelegenheit. Herr Vogler wollte einen Garten, in dem Nutzen und Ästhetik vereint sind, einen Nutzgarten, der seinen über lange Jahre erlernten Gestaltungswillen spiegelt.
Villandry nahm er ebenso zum Vorbild wie die Hausgärten von Alfred Reich.[4]
Der Grundriß des Hauses diktierte die Grundform. So wurde ein Raster von Quadraten über das 1370 qm große Grundstück gelegt, ein wiederkehrendes Motiv, einmal gerahmt, einmal freigestellt. Die vorhandenen Obstbäume, die willkürlich im Garten standen, wurden im Netzwerk aufgenommen. Sie verleihen eine Raumwirkung und Zufälligkeit, welche die Strenge entschärft. Das Spiel mit dem Quadrat ist vor allem im hinteren Teil des Gartens gelungen. Durch einen genialen Wechsel in Füllung und Nutzen der Quadrate wird eine eintönige Wiederholung vermieden. Das Gartenparterre ist in ruhige Flächen – Wasserflächen, Sitzflächen, Rasenflächen – und dreidimensionale, aufregende Beete gegliedert.

Wasserflächen

In der Hausachse, mittig hintereinander im Garten, liegen die drei Wasserflächen. Absichtlich ohne hohe Uferpflanzen, soll die Wasseroberfläche mit dem Rasen bündig abschließen: eine durchgehende Fläche, die sich nur in Farbe und Textur unterscheidet.
Zuerst wurden die Becken mit Lehm ausgekleidet, der aber undicht war und gegen Folie ausgetauscht werden mußte. Am tief-

Blick vom ersten Stock in den Garten. Zu jeder Jahreszeit, auch im Winter, wirkt die Geometrie im Garten aufgelockert durch die Buchsbaumgestalten und Obstbäume.

sten Punkt 1,20 m tief, mit im 45°-Winkel abgeschrägten Ufern, reicht die Wassertiefe für die Seerosen: weiße heimische *Nymphaea alba* im großen Teich, rosablühende *Nymphaea*-Hybriden im kleinen.

Die Gemüsebeete

Die mit Einfassungsbuchs gerahmten Beete gesellen sich in Vierergruppen zueinander, pulsierend vor Leben, Farbe und Spontaneität. Vor zehn Jahren aus Kostengründen als nur 7 cm hohe Pflanzen gesetzt, ist der Einfassungsbuchs jetzt zu einer dichten, 30 cm hohen Hecke herangewachsen. Neben der gestalterischen Wirkung der Hecke ist der Nutzen als Windschutz für Sämlinge nicht zu vergessen. Buchspfeiler bilden die Ecken des Quadrates und nehmen unterschiedliche Formen an, vom strengen Kantenschnitt, Rautenaufsatz bis zur gewölbten Form. Sie lockern die Regelmäßigkeit der Hecke auf und verleihen ihr eine persönliche Note.
Das Gemüse ist nach traditionellen organischen Methoden angebaut. Die Sämlinge werden im benachbarten Frühbeet gezogen und, verteilt nach Jahresplan, in regelmäßigen diagonalen Reihen ins Beet gesetzt. Im Kampf gegen die Schnecken wurde Kresse als Kranz um das Gemüse eingesetzt, jedoch mit unterschiedlichem Erfolg. Der Kontrast zwischen dem ruhigen Winterbild, dem lebendigen Sommerbild mit sei-

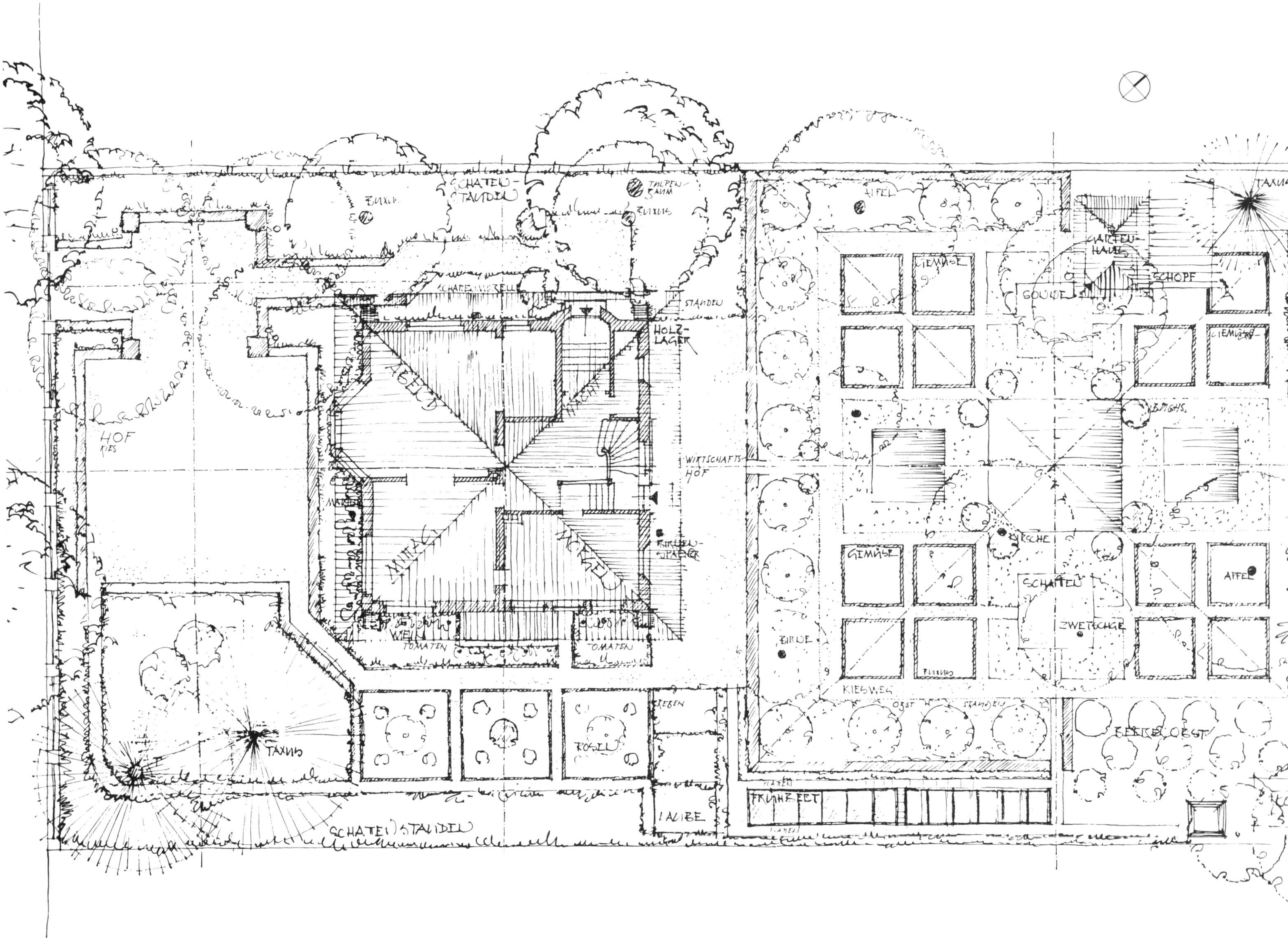

SCHATTEN-STAUDEN
TULPENBAUM
BUXUS
STAUDEN
HOLZ-LAGER
HOF
KIES
WIRTSCHAFTS-HOF
TOMATEN
TOMATEN
REBEN
ROSEN
TAXUS
TAXUS
LAUBE
SCHATTENSTAUDEN
APFEL
GEMÜSE
GEMÜSE
GEMÜSE
GARTENHAUS
SCHOPF
KIRSCHE
SCHATTEN
ZWETSCHGE
APFEL
BIRNE
KIESWEG
OBST
STAUDEN
BEERENOBST
FRÜHBEET

ner Fülle an Bewuchs und der Herbstfärbung unterstreicht die Jahreszeiten. Es sind gerade diese wichtigen Aspekte im Leben eines Gartens, die bei der Suche nach dem Immergrünen, Immerblühenden oft verdrängt werden.
Im Schatten des Apfelbaumes wird auf Gemüse fast verzichtet. Nur ein Pulk Rhabarber vertritt das Gemüsethema. Der Rhythmus des Quadrates und seine Fülle, aber auch der Aspekt des Absterbens werden durch eine Kombination von dunkelblättrigen Funkien *(Hosta sieboldiana)* mit Blausternen *(Hyacinthoides hispanica*, früher *Scilla campanulata)* aufgeheitert, betont. Zwischen den Beeten, fast wie Striche, sind schmale Kieswege ohne Einfassung gezogen. Im Gegensatz zu vielen Gärten ist der Bodenbelag einfach und bescheiden gehalten: Kies, durchgehend für Wege und Plätze verwendet, erfüllt alle Zwecke und erhebt keine gestalterischen Ansprüche.

Die Küchenbeete

Als Zugeständnis an Frau Vogler, die gerne Blumen im Garten sieht, wurden die seitlichen Beete, einsehbar vom Küchenfenster, als Farbspiel von Blüten in Rosa und Rot ausgeführt. Vorhandene Rosen und Pfingstrosen wurden in quadratisch eingerahmten Beeten zusammengefaßt: Tränendes Herz *(Dicentra spectabilis)*, eine alte einmalblühende *Rosa* »Tuscany« und andere Stauden bilden einen Kontrast zum Nutzgartenteil und bleiben trotzdem im Gestaltungssystem. Am Haus selbst, leicht erreichbar von der Küche, liegt das Kräuterbeet mit Liebstöckel, Rosmarin, Thymian, Zitronenmelisse und Schnittlauch, selbstverständlich eingerahmt von einer Buchshecke.
Der exzeptionelle Garten ist auf allen Ebenen erlebbar, vom schmalen, durch die Erdgeschoßfenster ersichtlichen Ausschnitt bis zur Draufsicht vom ersten Stock, und natürlich mitten im Garten selbst.

Linke Seite: Bestechend sind die konsequente Anwendung einer Formensprache wie auch die Nutzung des Gartens: Im Vorgarten das Quadrat als Parkplatz und Wendefläche als Fortsetzung des Rasters, im hinteren Garten das Gemüsebeet nach dem Vorbild von Villandry, seitlich die Kräuter- und Blumenbeete. Der Plan im Maßstab 1 : 200 wurde vom Besitzer Reinhard Vogler entworfen und gezeichnet.

Oben: Frühling im Garten. Einer der drei Sitzplätze unter den Obstbäumen, im Hintergrund das Jugendstilhaus.

Unten: Der Blick aus dem Küchenfenster fällt auf die Rosen und blühenden Stauden der Blumenbeete. Durch die Verwendung einer durchgehenden Gestaltungsform ordnen sich die Blumenbeete trotz Themenwechsels dem Gesamtbild des Gartens unter.

Zum Thema Stadtgärten – Ein Handtuch-Garten

Rechts: Die Fülle des Gartens wird erst bei näherer Betrachtung ersichtlich. Von links nach rechts unten: Jakobsleiter *(Polemonium caeruleum)*, blaue Blüten von Vergißmeinnicht, geschecktes Lungenkraut (*Pulmonaria saccharata* »Miss Moon«), rote Sterndolde *(Astrantia rubra)*, oben eine gelbumrandete Stechpalme *(Ilex aquifolium albomarginata)*, daneben die Blätter von Glockenblumen *(Campanula macrantha)* und Lilienblätter.

Rechte Seite: Stauden, Sträucher und Bäume gedeihen eng an eng in Anne Dexters Reihenhausgarten in Oxford, England. Trotz der Fülle ist ein Gestaltungssystem von begleitenden gelblich- und rötlichlaubigen Sträuchern und Bäumen vorhanden, die sowohl Trennungen zwischen Pflanzpartien sind als auch Auftakte im Garten.

Die Frage nach der Gestaltung eines Stadtgartens ist immer aktuell, denn gerade hier ist der Wunsch, etwas Besonderes zu schaffen, die geringfügige Fläche optimal zu nutzen sowie die Proportionen optisch zu verbessern, groß.
Was eine begeisterte Gärtnerin aus ihrem Handtuch-Garten macht, demonstriert die Engländerin Anne Dexter. Ihr 160 qm großer Reihenhausgarten in Oxford ist eine wahre Überraschung. Am Hauseingang ist nicht zu ahnen, was sich im Garten abspielt. Wie eine Verlängerung des schmalen langen Flures führt der Gartenweg zwischen den leicht höher gelegenen Pflanzbeeten hindurch. Der Garten scheint endlos zu sein, die Fülle ist überwältigend.
Nach dem Prinzip »die Erde ist zu füllen« sind botanische Kostbarkeiten nebeneinandergepackt: Sträucher und Stauden, nach Höhe, Blüte und Laub minutiös zusammengestellt, wie immer wechselnde Blumensträucher. Trotz aller Üppigkeit sind Struktur und Rhythmus vorhanden, verleihen Stärke und geben den Rahmen für die Pflanzenpracht ab. Gelb- und purpurblättrige Sträucher und Kleinbäume sind regelmäßig verteilt, als Trennung zwischen einer Farbpartie und der nächsten. Die Grenzen zum Nachbarn sind in den Garten miteinbezogen, bieten Fläche für Kletterpflanzen; Clematis und Rosen wickeln sich um und in Bäume und Sträucher, ihre Blütenkaskaden bilden einen Höhepunkt im Garten.
Unerwartet erfolgt am Ende des 27 m langen Gartens ein Stimmungswechsel mit einem Miniatur-Farngarten und begleitenden Ramondas: schattig, intim, besinnlich, alles ist maßstabsgerecht, von den Steinen bis zu den Pflanzen selber.
Jeder Millimeter des Gartens ist genutzt und bepflanzt, ein Zeugnis der hervorragenden Pflanzenkenntnis von Anne Dexter. Die geringe Größe verleugnet den hohen Pflegeaufwand, der eine tägliche Beschäftigung für Mrs. Dexter bedeutet.

Mit Blick auf die Mitte

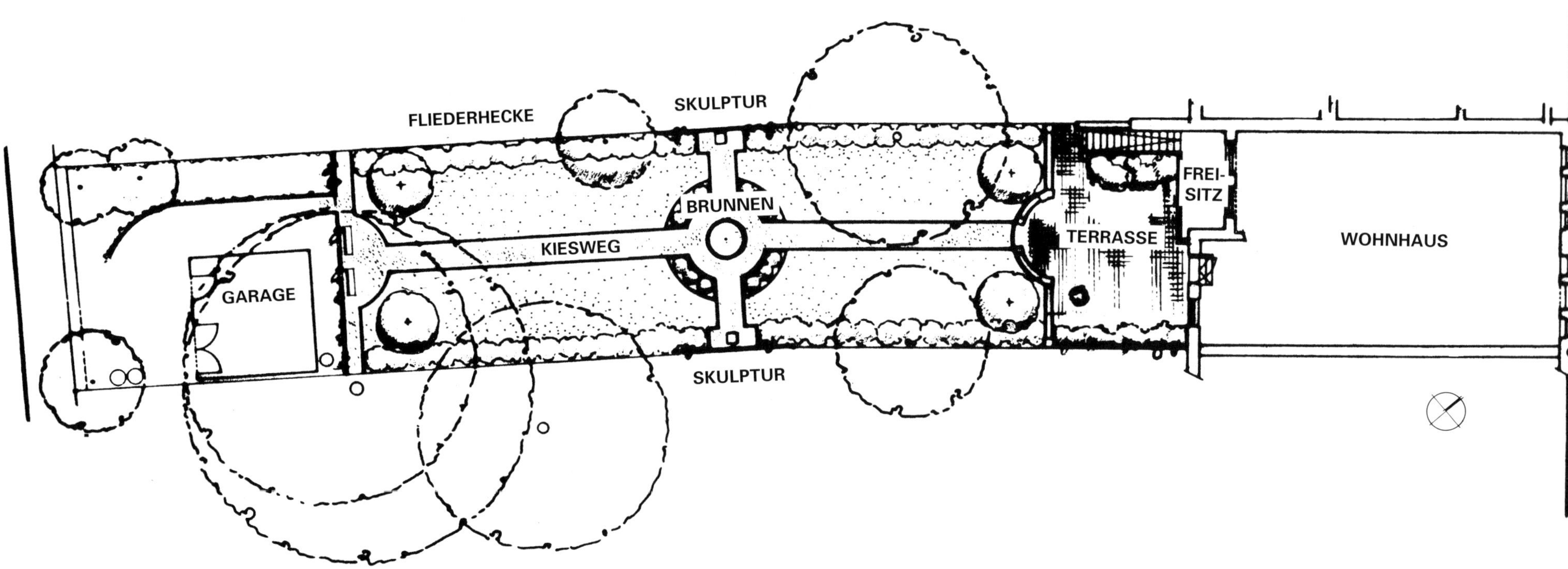

Eine einfache Gestaltung kann die beste sein. Wie treffend dieses Gestaltungsprinzip ist, wird durch einen Stadtgarten in München-Schwabing bewiesen. Lang und schmal streckt sich der etwa 400 qm große Garten hinter dem Altbaureihenhaus, am Ende der 45 m liegen die Garage, Mülltonnen und Fahrradabstellplatz.
Auf Wunsch der Eigentümer sollte der Garten optisch verkürzt, räumlich gegliedert und der Bezug zum Haus hergestellt werden. Der Gartenplan, erstellt von Landschaftsarchitekt Gottfried Hansjakob, zeigt dessen Begabung für Vereinfachung und den Umgang mit dem Raum. Das Hauptelement der Gestaltung ist ein mittig gelegener kreuzförmiger Weg mit Rondell. Die Proportionen des Gartens sind durch perspektivische Täuschung neu geordnet. Er scheint nicht nur breiter, sondern auch kürzer zu sein. Wesentlicher Bestandteil ist die Strukturierung des Gartenraums in drei Bereiche, wobei das Schwergewicht auf dem mittleren Gartenraum liegt:
ein *vorderer Gartenteil*, eine fast quadratische Terrasse, dem Haus zugeordnet;
als wichtigster Teil des Gartens die *Mittelpartie*;
der *Wirtschaftsteil*. Die Nutzflächen sind getrennt durch Abpflanzung, aber optisch mit dem restlichen Garten durch einen Torbogen verbunden.

Die Sitz- und Sonnenterrasse

Belegt mit braunen, geriffelten, quadratischen Klinkerplatten, in Kreuzfugen verlegt, ist die Terrasse absichtlich ruhig und zurückhaltend. Sie ist zum Garten hin eingefaßt mit einer niedrigen Buchshecke und gerahmt durch zwei Tulpenmagnolien *(Magnolia x soulangiana)* jeweils rechts und links von der Mittelachse. So wird der Blick automatisch auf das Rondell gerichtet.

Links: Im langen, schmalen Garten wurde ein mittig gelegenes Wegkreuz mit Rondell angelegt. Der Plan im Maßstab 1 : 250 ist einfach, aber wirkungsvoll.

Unten: Von der Terrasse fällt der Blick, gerahmt durch zwei Magnolienbäume, auf das mittige Rondell. Die Länge des Gartens wird verkürzt, außerdem erscheint er breiter.

Eine ungewöhnliche Pflanzenkombination aus flächendeckenden Funkien *(Hosta sieboldiana)* mit rosa Hochstammrosen »The Fairy« und großblumigen Edelrosen »Piroschka« umrahmt die Mitte wie ein Kranz.

Rechts: Eine einzeilige Wegeinfassung aus Carrara-Marmor führt auf die flache Brunnenschale, ausgepflastert mit weißem Kleinsteinmarmor, zu.

Die Mittelpartie

Ein sehr schlichter und eleganter Weg (schlicht durch die wassergebundene Sandstreu-Decke, elegant durch die Wegeinfassung mit weißem Carrara-Marmor-Kleinsteinpflaster) führt auf und um das Rondell. Eine flache Brunnenschale, ausgepflastert mit weißem Carrara-Marmor, bestückt mit einer feinstrahligen, niedrigen Fontäne und kontemplativer Putten-Figur, ist der Mittelpunkt. Sie wird begleitet und betont durch einen ungewöhnlichen Blumenkranz, zwölf zartrosa, öfterblühende Trauerrosen »The Fairy«, unterpflanzt mit Funkien *(Hosta sieboldiana)* und reinrosa, duftender Edelrose »Piroschka«. Die verkürzten Arme der Wegkreuze führen auf jeweils eine Figur, musische Gestalten am Rande des Gartens.

Rasen als Füllung der Fläche zwischen Weg und schmaler Grenzbepflanzung ist ideal, ein zurückhaltender Hintergrund für das Gartenszenario. Der Bogen im Hintergrund zum Wirtschaftsteil des Gartens ist spürbar, er deutet auf einen weiteren Raum, ist aber ein Begleitelement. Durch die Betonung der Mittelachse und Zurücksetzung der Begleitfläche ist jede Gefahr einer Schlauchwirkung vermieden. Die gesamte Mitte wird hervorgehoben, die Seiten verschwinden im Schatten der Nachbarbäume. Form, Figuren und Pflanzung stellen einen Bezug zum Altbau her und fügen sich harmonisch in das Ambiente ein.

Der kleine große Garten

Rechte Seite: Eine schlichte Pergola, berankt von der stark duftenden und reich blühenden Kletterrose »Félicité et Perpétue« und der rosa leuchtenden »Gertrude Jekyll«, erweitert den Wohnbereich im Garten. Die schlanken Pfosten werden durch hohe hellblaue und weiße Foerster-Sorten von Rittersporn betont. Die Länge des Gartens ist durch Blickpunkte unterbrochen: die Hochstammrosen, eine Granitskulptur, eine Sitzbank.

Links: Vom Balkon aus gesehen liegt der Garten vor einem, seine Ränder fließen in die Nachbargärten über.

Durch gute Gestaltung kann eine gewöhnliche kleine Gartenfläche eine völlig neue Identität bekommen. Daß diese Verwandlung von Anfang an ablesbar und erlebbar ist, bestätigt die Qualität der Gestaltung. Alle Aufnahmen des 290 qm großen Reihenhausgartens in Westerstede zeigen den Zustand im zweiten Jahr nach der Ausführung.

Das Geheimnis dieses Sofort-Gartens liegt in der klaren räumlichen Gliederung, der richtigen Pflanzenauswahl in entsprechender Größe und in der Pflege. Trotz der Größe ist Platz für Überraschungen durch die Aufteilung in einen Hauptgarten und ein Nebengärtchen sowie die Führung von einem Gartenraum zum anderen.

Joachim Winklers Gartenplan, angefertigt für Gilda Wilksen-Wolf und Peter Wolf, wurde in Anlehnung an seinen eigenen Bauerngarten erstellt. Die Proportionen sind auf den schmalen, etwa 18 m langen Garten zugeschnitten. Eine hohe Rotbuchenhecke *(Fagus sylvatica)*, bereits mit 175 cm Höhe entlang der Gartengrenzen gepflanzt, gibt das Raumgefühl und schirmt den Garten vom Geschehen im Nachbargarten ab.

Die Entwicklung des Gartens vom Terrassenbereich als Erweiterung des Wohnraums zum privaten kontemplativen Ruheraum ist von den oberen Stockwerken des Hauses aus nachvollziehbar. Von der langen, schmalen, mit einer Pergola überdachten Terrasse gelangt man in den blühenden Bauerngarten. Ausgehend von der Mittelachse des Hauses, ist der Garten symmetrisch um ein kleines Rondell gebaut. Doppelt eingefaßt mit Buchsbaum und Lavendel um eine Hochstamm-Rose »New Dawn«, ist das runde Beet einer von zwei Blickpunkten im Garten.

Eine strenge Umrahmung mit Buchs gibt der üppigen Fülle von Pflanzen Halt. Akzente setzen die Rosen, gerahmt von weiß, zartrosa und blaublühenden Stauden.

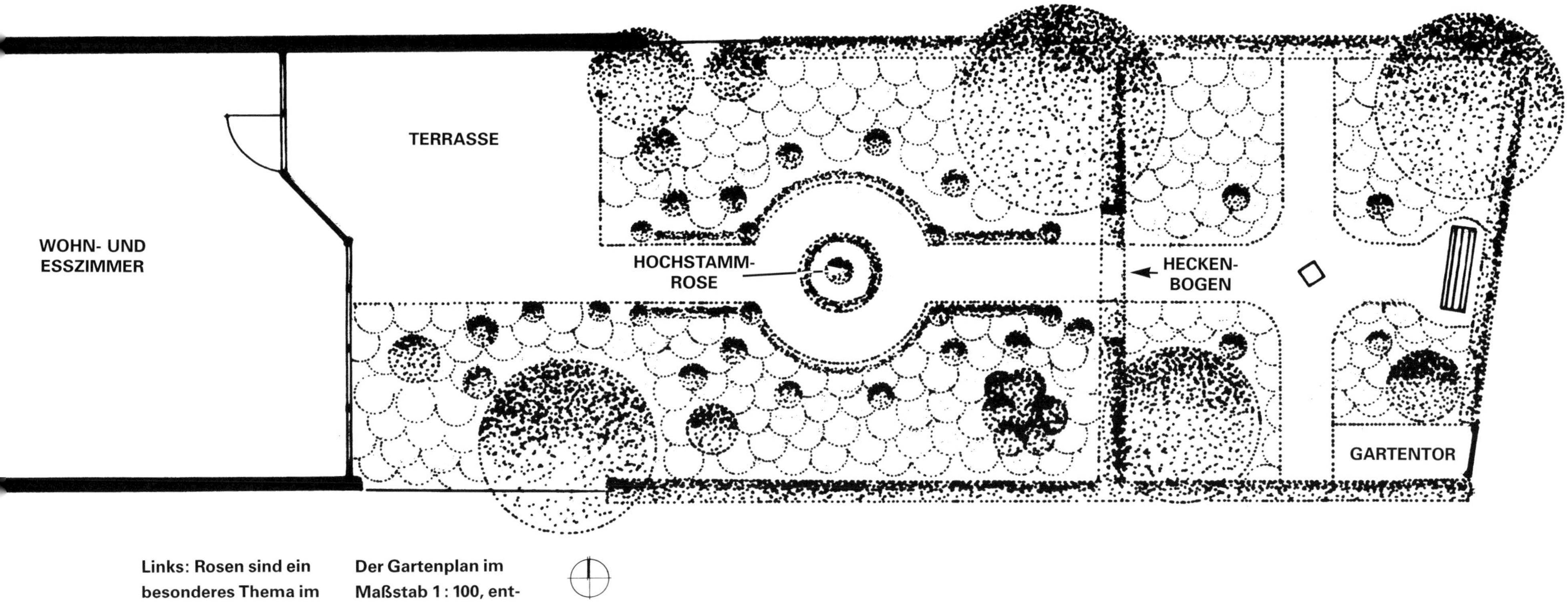

Links: Rosen sind ein besonderes Thema im Garten. Ausgesucht nach Farbe und Höhe, sind sie alle in weißen oder rosa Tönen gehalten. Vor der reinweißen Hochstammrose »Schneewittchen« die rosastichige »Wife of Bath«. Die begleitenden Stauden sind in Höhe und Farbe genau abgestimmt.

Der Gartenplan im Maßstab 1 : 100, entworfen von Joachim Winkler, verdeutlicht die Gestaltungsabsicht, den langen, schmalen Garten in Abschnitte zu unterteilen. Ohne einen Fleck Rasen ist der Garten mit über 800 Stauden, Rosen und Sträuchern gefüllt.

Links: Stimmungswechsel um die Sitzbank am Ende des Gartens. Ein ruhiges, intimes Gartenkabinett in Grün, Gelb und Rot. Rote Farbkleckse von der Floribundarose »Lavaglut« neben Frauenmantel, dazu ein roter Fingerhut.

Rechts: Der Blick durch den Heckenbogen zeigt die Kontraste in Bodenbelag, Farbgebung und Pflanzenauswahl, die sogar im kleinsten Garten möglich sind, wenn er richtig gestaltet ist.

Das Gartenkabinett: Der Leseraum

Durch einen Bogen betritt man den kleinen quadratischen Gartenraum. Der Wechsel von Klinkerbelag zu Katzenkopfpflaster läßt verschiedene Stimmungen spürbar werden. Die Pflanzung ist niedrig, die rotgelben Blüten wirken sommerlich warm. Gepflanzt wurden grüngelber Frauenmantel als Bodendecker, rote und blaßgelbe Pfingstrosen, rote niedrige *Rosa* »Floribunda Lavaglut« und gelbe englische Rosen »Yellow Button« und »Symphonie«, rosarote Spornblume *(Centranthus ruber)* und einzelne rot-rosa Fingerhüte. Der intime, südländische Charakter des Gartenkabinetts wird sowohl vom Bodenbelag als auch von der Ausstattung mit einer kleinen französischen Sitzbank betont.
Überraschung und Charakterwechsel sind im kleinsten Garten möglich. Wichtig ist die überzeugende Gestaltung und die Fortführung von Planungsideen und Zielen durch die Eigentümer.

Ein bezaubernder Gartenhof

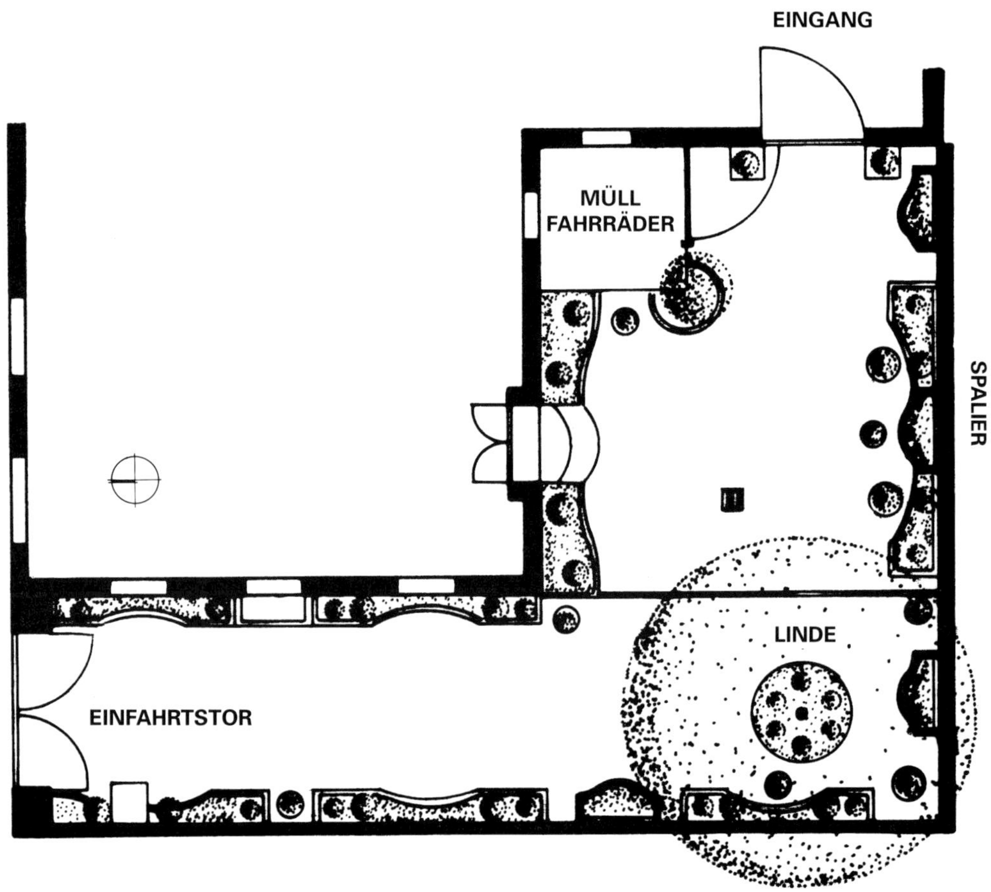

Mitten in München, unweit vom Maximilianeum, ist ein Juwel versteckt. Ein winziger, 70 qm großer Hof, der mit Liebe und Verstand aus einer grauen Fläche in eine blühende Oase verwandelt worden ist. Die Besitzerin, eine gebürtige Französin, fand kahle Brandwände, Mauer-zu-Mauer-Asphalt ohne eine Spur von Grün vor. Inspiriert durch Pariser Innenhöfe und englische Gärten, wo auch die kleinste Fläche durch Gestaltung zum Gartenraum mit besonderem Flair und Individualität werden kann, wurde eine Umwandlung vorgenommen.
Durch das Einbeziehen der Grenzmauern wurde die geringe Bodenfläche zum Teil ausgeglichen. Weiße, feingliedrige Spaliere decken die Wände, geben ihnen Struktur und teils perspektivische Wirkung auch im Winter. Berankt mit einer Mischung aus Efeu, Selbstklimmern *(Parthenocissus tricuspidata* »Veitchii«) und an sonnigen Stellen mit Kletterrose »New Dawn«, wurde die Mauer zur Grünfläche.
Die Funktionen des Hofes mußten in der Gestaltung berücksichtigt werden – Hauszugang, PKW-Stellplatz, Müll- und Fahrradplatz, Aufenthaltsfläche und gelegentlicher Sitzplatz. Obwohl ein Großteil der Fläche zu pflastern war, wurde das Material so geschickt ausgewählt, daß es zum Ambiente paßt und eine Bereicherung für den Hof ist. Rot-bräunlicher Porphyr-Kleinstein, verlegt in einem »Teppich« von Segmentbögen, gibt nicht nur Struktur und Bewegung, sondern auch eine gewisse Wärme. Beim Porphyr wurde darauf geachtet, nur garantiert frostsicheres Material zu verwenden, um die Gefahr des Aufsplitterns des Steins zu vermeiden.
Eine außergewöhnliche Gestaltungssprache zeigt sich bei den Schabracken: Schmale, abwechselnd Hoch- und bodenebene Pflanzbeete, die zwischen Mauer und Fahrspur verteilt sind. Jede Gefahr von Eintönigkeit wird durch die geschwungene Form vermieden. An den Beetecken ist Ku-

Linke Seite: Der Plan vom kleinen Gartenhof im Maßstab 1 : 100. Wie Schabracken verzieren die Pflanzbeete die Haus- und Grenzmauern. Eine sehr individuelle Gestaltungsform, die die Monotonie von Rechtecken vermeidet.

Unten: Dieser Gartenhof ist ein Beweis dafür, daß ein Garten keine traditionelle Form annehmen muß. Mit Phantasie und Sinn für Ästhetik kann auch ein benachteiligter Platz in ein Gartenparadies verwandelt werden.

Zu Seiten 76 und 77: Immergrüne Pflanzen sorgen für ganzjähriges Grün. Die graubraune Farbe des Kleinsteinpflasters aus Porphyr verleiht Wärme und steht im Einklang mit den Terrakotta-Pflanztöpfen. Der französische Einfluß ist am schlichten weißen Spalier ersichtlich. Berankt mit Efeu und der zartrosa blühenden Rosa »New Dawn«, gleichen die Mauern die fehlende Pflanzfläche am Boden zum Teil aus.

gelbuchs *(Buxus sempervirens var. sempervirens)* wie Polster verteilt, immergrüne Auftakte, die dem Hof Rhythmus verleihen. Um den einzigen Baum im Hof, eine Linde, zu betonen, wurde der runde Baumgraben mit einem Kranz von kleinem Kugelbuchs gerahmt.
Der Erfolg des Gartens liegt in der Reduzierung von Gestaltungselementen auf Pflaster, Pflanzen und Pflanzhilfen. Zu den Pflanzhilfen zählen die Ton-Pflanztöpfe, wichtig, um Pflanzflächen zu vergrößern und mobiles Grün einzuführen. Inhalt und Plazierung der Töpfe bleiben im allgemeinen von Jahr zu Jahr gleich; ergänzt werden sie mit wechselnden Beetpflanzen. Durch die Verwendung eines beschränkten Pflanzenvokabulars wirkt die Fläche nicht nur größer, sondern auch prächtiger. Ein dezentes weiß-grünes Farbenspiel wird je nach Jahreszeit mit Pastelltönen abgerundet: im Spätfrühling mit der hellblauen Kaskade der Glyzinenblüte *(Wisteria sinensis)* um die Balkonstütze. Im Sommer mit üppig blühenden Rosen (die zartrosa, duftende »New Dawn«) und rosa und weißen Moosrosen. Als Ergänzung hellblaue Kerzen von Funkien *(Hosta fortunei* »Marginato-alba«), die in Töpfen zwischen die Beete gestellt sind. Eine geschickte Verwendung von weißblühenden Beetpflanzen, abwechselnd Stiefmütterchen, Santpaulia und Begonien, heitert die Pflanzflächen auf; Details, die zum Charme des Gartens beitragen.

Das »Außenhaus« – ein Garten mit System

Die Blütenkugeln von verschiedenen Zierlaucharten schießen wie Raketen aus der Pflanzung: im Vordergrund *Allium christophii* und die dichten, runden Dolden von *Allium aflatunense*.

Wie wichtig Struktur und Gliederung sind, zeigt der Atriumgarten in Karlsruhe-Nord-Weststadt. Vor- und Wohngarten haben knapp 400 qm Fläche, eine typische Größe für Neubauten. Über 15 Jahre nach seiner Entstehung wirkt die Gestaltung von Prof. Michael Miess frisch und genauso modern wie 1977.

Der Wohngarten ist in drei Bereiche gegliedert, eine großzügige Terrasse, eine »naturhafte« und eine »schmuckhafte« Partie. Durch die straffe Gliederung ist eine optimale und auch flexible Nutzung ermöglicht worden.

Ausgehend von den Wohnräumen und der Terrasse, wurde der L-förmige Garten in längliche, rechteckige Beete geteilt; diese sind getrennt durch einen schmalen, steinbreiten Betonweg. Terrasse, Sitzplatz und Hauptverbindungsweg sind mit Holzpaneelen belegt, die das Niederschlagswasser versickern lassen und auch kurz nach einem Regenschauer begangen werden können.

Die Gartenmauern, Hecken, der Bodenbelag, die Pergolen und der einzige Baum, ein Judasbaum *(Cercis siliquastrum)*, sind permanente Elemente, während die Füllung der Beete je nach Neigung geändert werden kann. Trotz der strengen Raster kann das Gartenbild von Jahr zu Jahr wechseln.

Die »naturhafte Partie«

Am Anfang wurden Gemüse- und Küchenkräuter in den sechs Beeten gezogen. Eingefaßt an zwei Seiten von tunnelartigen Pergolen, bewachsen mit Obstspalier, hat der Garten das Flair eines Klostergartens mit Wandelgang. Die Küchenkräuter, Tomaten und Buschbohnen, werden noch gezüchtet, aber langsam tritt eine interessante Änderung ein. Ein Beet wurde in eine Vergleichsparzelle für Ackerwildkräuter verwandelt; diese sind wichtiges Arbeitsmaterial für Barbara Miess in ihrer Kartierungsarbeit. Gefährdete Rote-Liste-Arten wie die Kornrade *(Agrostemma githago)* können sich aussamen und vermehren. Ein Blick auf die Parzelle zeigt, wann welche Pflanzen blühen und wie sie sich in einer gelenkten Sukzession verhalten.
Ein weiteres Anliegen, das auch im Garten untersucht wird, ist die Verwendung von Wildstauden als Bodendecker; bewährt haben sich Nelkenwurz *(Geum urbanum)*, Veilchen *(Viola odorata)* und Wilde Erdbeere, die auch in den schmuckhaften Partien Verwendung finden.

Die »schmuckhafte Partie«

Umrahmt von Einfassungsbuchs und mit einer dichten, glänzenden Stechpalme *(Ilex aquifolium)* im Hintergrund, liegen die Beete direkt im Blickfeld der großen Wohnterrasse. Schwerpunkt sind die Lilien. Zusammen mit Rittersporn, Glockenblumen, *Rudbeckia* und Schafgarbe bilden sie farbenfrohe Kontraste, die je nach Beet in einem bestimmten Farbspektrum gehalten sind: Von Rosa und Blau im ersten Beet über warme Gold- und Orangetöne bis Rot und Weiß im letzten Beet, vertreten durch zarte dunkelrotblühende irische Fuchsien, weiße Sterndolde *(Astrantia major)* und zart fedrige weiße Rispen von Silberkerzen.

Die große Terrasse vermittelt das Gefühl vom Wohnen im Garten, unterstrichen durch verschiedene gebaute Elemente wie Pergola und Bodenbelag. Eine Besonderheit im Garten sind die »Efeutürme«: bewachsene Säulen aus aufeinandergestapelten Betonfertigteilen, üblicherweise verwendet für Sickerschächte, tragen die Pergolabalken.

Die naturhafte Partie hat den Charakter einer Blumenwiese mit einjährigem Rittersporn, Schafgarbe und einfacher Malve, umrahmt von einem Wandelgang mit Spalierbäumen.

Abgeschirmt durch eine dichte Stechpalmenhecke, sind die drei Beete der schmuckhaften Partie ein Garten für sich. Eine Gartenidylle, vor Einblicken geschützt.

Rechts: Im Mittelbeet herrschen die warmen Orangetöne von einer leider nicht mehr im Handel erhältlichen Lilie »Zigeunerblut« vor, ergänzt durch blauen Rittersporn, Frauenmantel und *Allium*.

Der Grundriß des Gartens im Maßstab 1 : 200 zeigt Michael Miess' Gestaltungsabsichten: einen regelmäßigen Wechsel von langgestreckten Rechtecken und schmalen Streifen, die die Fläche optimal ausnutzen und das Gefühl eines architektonischen Gartens vermitteln.

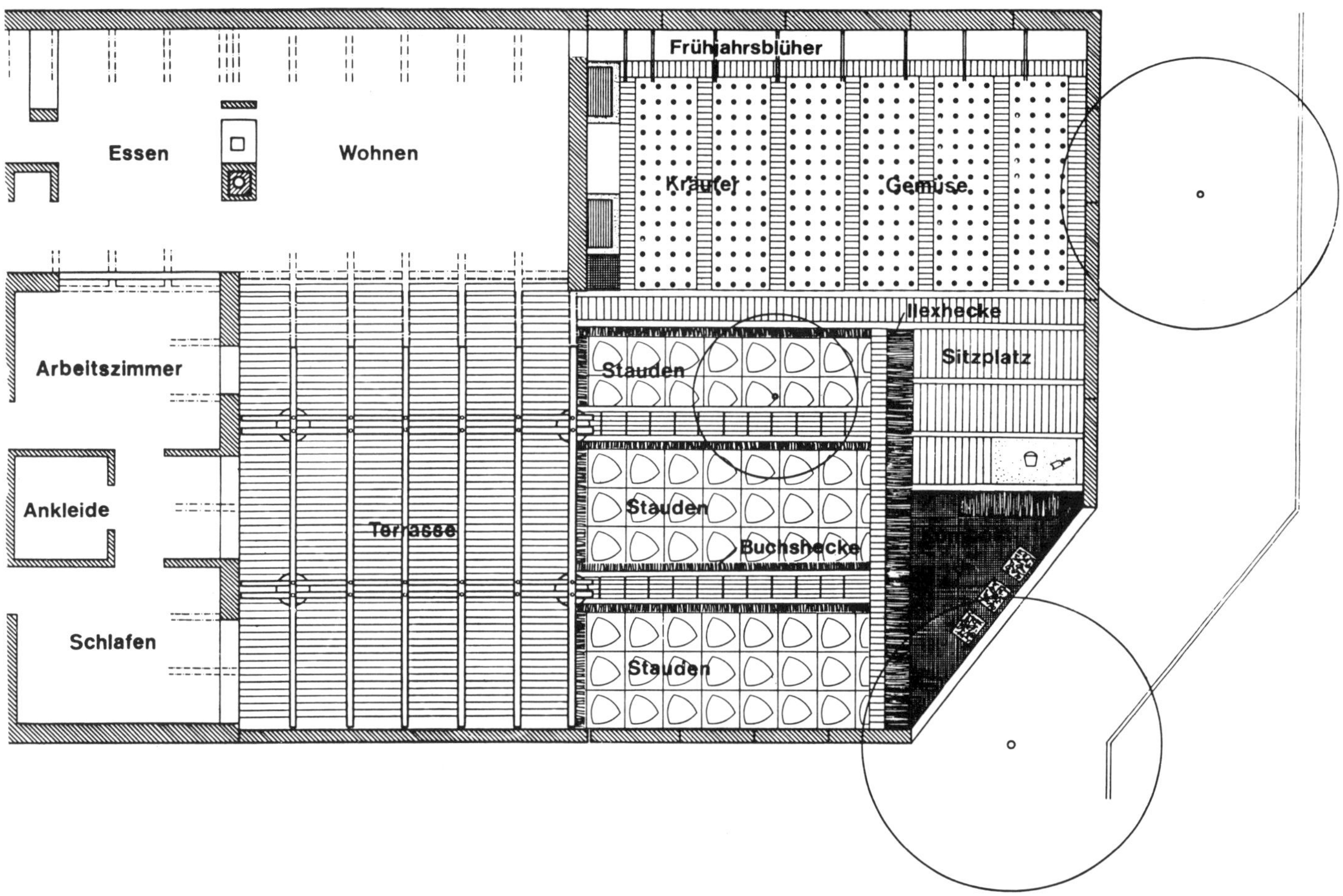

Links: Kompost »in Kuchenform«, gleichzeitig als Kräutergarten verwendbar, von jedem begabten Hobbybastler in vereinfachter Form nachzuahmen.

Unten: An der Pergola über der Wohnterrasse wachsen Echter Wein und eine weißblühende Clematis »Mme Le Coultre«, die gegen den dunklen Hintergrund noch prachtvoller wirkt.

Kompost in Kuchenform

Eine geniale Idee für einen kleinen Garten ist dieses Prinzip der Kompostierung, praktiziert mit zwei 80 cm hohen, durchlochten Blechen mit je 1 m Durchmesser, die im Tortenformprinzip zusammengehakt sind. Der gesammelte Gartenabfall vom benachbarten Metallkorb wird zur Hälfte unten in die Kompostierungstonne gefüllt. Durchsiebter, bereits verrotteter Kompost kommt oben drauf, ein ideales Pflanzmedium (zusätzlich von unten aufgeheizt) für zarte Kräuter. Wenn die Kompostierung abgeschlossen ist, kann die »Torte« aufgeschnitten, durch ein Sieb geworfen und im Garten verteilt werden.

Ein privates Außenhaus

Das Anliegen von Michael Miess, den Außenraum als »sehr privaten, uneinsehbaren Freiraum«, quasi als »Außenhaus« zu gestalten, ist gelungen. Die 35 qm große Terrasse steigert als Fortsetzung des Wohnzimmers das Raumgefühl. Die Pergola, ein halboffenes Dach und der Holzrostbelag zeigen Analogien zu den Raumelementen. An drei Seiten mit Mauern und Fenstern eingerahmt, geht der Blick automatisch durch die Laubvorhänge der Efeutürme in den Garten. Trotz der geringen Fläche verleiht die räumliche Gliederung eine Großzügigkeit, wie man sie sonst von einem wesentlich größeren Garten erwarten würde.

Rechts: Der Blick vom Sitzplatz zum Haus hin zeigt den Bezug zwischen Haus und Garten. Die waagrechten Massen der Hekken nehmen die Formensprache des Gebäudes auf. Das Purpur der Berberitzenhecke antwortet auf die Färbung der Blutbuche.

Klassisch-moderne Gartenkunst

Es ist selten, daß man einen Garten findet, in dem Gestaltung und Ästhetik, Maßstab und Form im Gleichgewicht sind, einen Garten ohne Rückgriff auf momentane Schaueffekte, vielmehr eine in sich stimmige Anlage.
Der hier gezeigte Garten löst eine Kette von Assoziationen aus, von italienischen Renaissancegärten bis zum französischen »Grand Jardin«. Trotz aller historischen Ansätze ist der Garten modern, eine Interpretation und Umsetzung von Formen, eine Auseinandersetzung mit dem Thema »Gartenbild«. Entworfen 1982 vom Landschaftsarchitekten Joachim Winkler, spiegelt dieser Garten wie kein anderer dessen Gestaltungsphilosophie »Die Arbeit mit Pflanzen« wider. Pflanzen dienen hier als Bausteine, als Formen, die in den Händen des Meisters Rahmen, Rhythmus und Spannung sind. Keine starren, sondern fließende und lebendige Elemente.
Der 500 qm große rechteckige Garten in Oldenburg entspricht der üblichen Größe für ein Wohnhaus, durch die ausgewogene Gestaltung wirkt er jedoch wesentlich großzügiger. Der Gartenraum ist geschlossen, intim und privat, nur der angrenzende alte Baumbestand wird optisch in den Garten miteinbezogen.

Der Sitzplatz unter dem Lindendach. Kastenschnitthecken aus hochstämmigen Bäumen, in regelmäßigen Abständen gesetzt, sind eher in Frankreich und England zu sehen. Die Kronen der Bäume werden durch starken Rückschnitt in Kastenform gezogen, die seitlichen Äste an waagrechte Holzstreben gebunden. Hier im Garten erfüllen sie eine wichtige Sicht- und Lärmschutzfunktion.

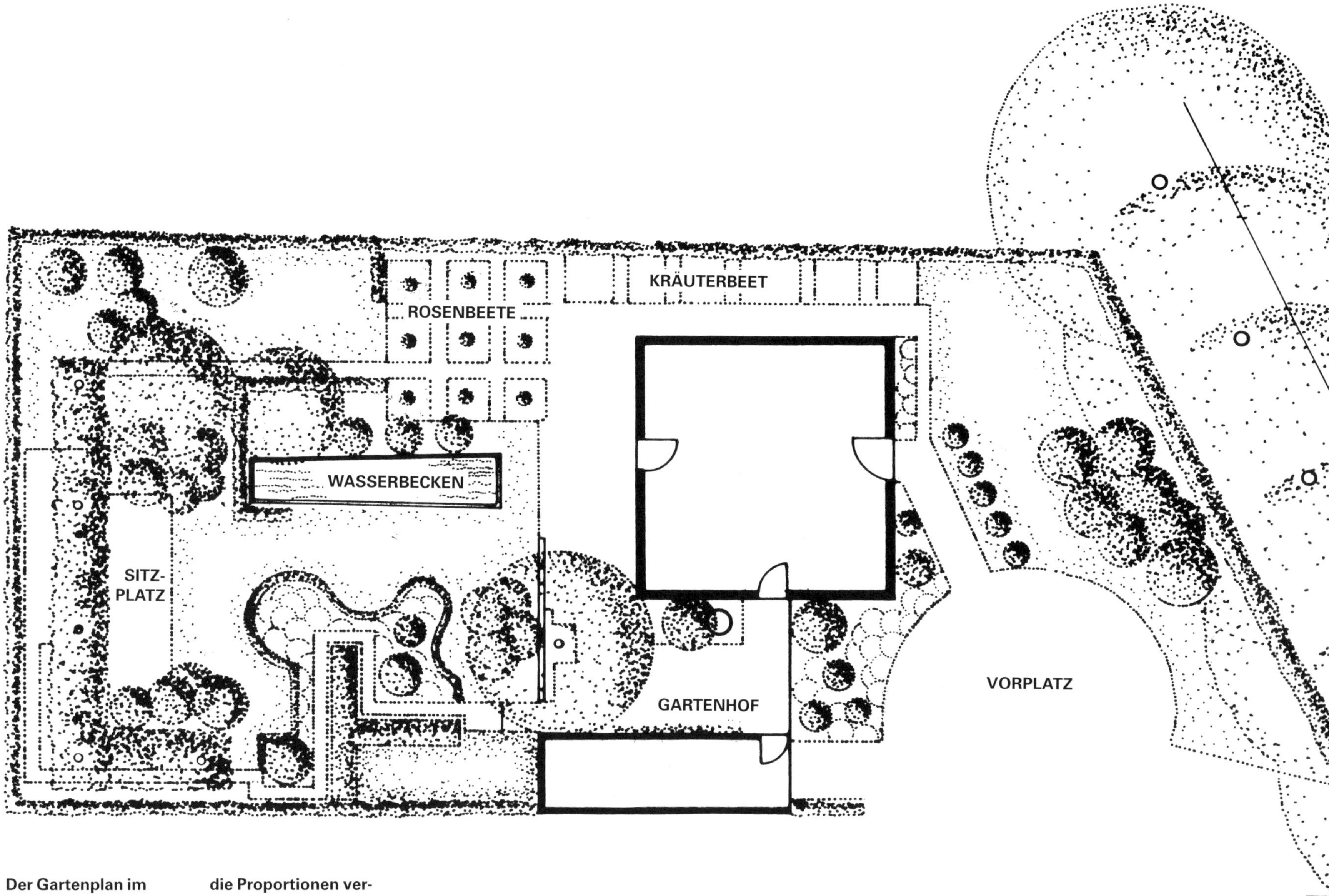

Der Gartenplan im Maßstab 1 : 200 zeigt nicht nur die Verteilung der Bereiche, sondern auch die Spannung zwischen strengen und organischen Formen. Durch gekonnte Gestaltungstricks wurden die Proportionen vertauscht: Die keilförmige Wasserfläche erscheint in der Perspektive aus Augenhöhe länger.

Unten: Das Leitmotiv des Gartens ist die geschwungene Linie des Einfassungsbuchs, die sich um die eine Seite des Gartens wickelt.

Zu Seite 88: Der Garten scheint wesentlich länger zu sein, als er tatsächlich ist. Farben spielen eine Nebenrolle, wichtig sind die Kontraste zwischen Blattform und Textur, zwischen Geschnittenem und Ausladendem.

Zu Seite 89: Zwischen Wohnhaus und Garten liegt der lauschige Gartenhof. Auch hier sind die Farben auf Grün und Weiß beschränkt: weißer Rhododendron, die zartrosa Rose »New Dawn« und sogar die Topfpflanzen, gefüllte weiße *Pelargonium*, bleiben im Thema.

Im Grunde ist der Garten ein zeitgenössischer Heckengarten. Die Heckenpflanzen sind als Skulptur verwendet, mit abstrakten, aber nicht grotesken Figuren. Die Staffelung von Hecken wirkt perspektivisch, sie verleiht dem Garten sowohl Tiefe als auch eine zusätzliche Dimension. Niedriger Einfassungsbuchs vor dunkler, matter, mannshoher Eibe steht vor einer über 2 m hohen, helleren Rotbuche. Die asymmetrische Anordnung, der Verzicht auf Formenwiederholung, eine keilförmige Wasserfläche zu einer Seite, eine Arabeskenhecke auf der anderen Seite heben den Erlebniswert des Gartens. Eine Lindenhecke auf Stelzen am Ende des Gartens ist nicht nur ein Blickfang, sondern wichtiger Lärm- und Sichtschutz. Die Bodenbeläge sind funktional und stimmig. Schmale Klinkerwege am Rand des Gartens zwischen den Hecken, die in neutrale Betonplatten unter der Lindenhecke und auf dem Sitzplatz übergehen, fügen sich in das Gesamtkonzept und harmonieren mit der Pflanzung.
Mit minimalem Einsatz ist ein gekonntes Farbspiel erreicht:
Die Hecken im grünen Farbspektrum von Hell bis Dunkel;
Eine weiß-rosa Tulpen-Magnolia im Kontrast zur purpurroten Berberitzen-Hecke *(Berberis thunbergii* »Atropurpurea«), im Hintergrund als weiterer Kontrast nach der Magnolienblüte der weiße Rhododendron »Cunningham's White«;
Das Blau der Glyzine *(Wisteria sinensis)* ist im blauen Teppich von Immergrün-Blüten *(Vinca minor)* aufgenommen.
Das richtige Maß an Pflege ist wichtig; zuviel wirkt wie ein aufgeräumtes Wohnzimmer, in dem man nicht verweilen möchte, zu wenig würde die Struktur des Gartens verwischen. Es spricht für den Besitzer, daß der Garten sich zu dieser Vollkommenheit entwickeln konnte. Ein Verständnis für Gartenkultur ist notwendig, um den Garten zu pflegen, ihm Identität zu geben und ihn zu unterstützen.

Der moderne Landschaftsgarten

In einer Zeit der Rückbesinnung auf die Bedeutung der Natur und der Suche nach dem Grünen ist die Wiederentdeckung des Landschaftsgartens besonders passend. Hier vereinen sich Natur und Landschaft. Angestrebt wird keine strenge Gestaltung, sondern organische, der Natur nachempfundene Formen. Im Mittelpunkt stehen die großräumige Wirkung und der Blick nach außen, nicht Blumen und Dekoration. Entgegen der weitverbreiteten Meinung beschränkt sich der Landschaftsgarten nicht auf weitläufige historische Gärten, sondern ist ein Gestaltungsstil, der allgemein in ländliche Gegenden paßt. In der Regel sind die Grundstücksparzellen am Ortsrand für heutige Verhältnisse groß, 2000 qm und mehr. Hier stellt sich die Frage, wie ein Garten dieser Größe gestaltet werden soll und wie Bezug auf den Landschafts- und Ortscharakter genommen werden kann. Die Vorschläge vieler Fachzeitschriften und Bücher sind oft unpassend, da sie von eingefaßten Gärten ausgehen, die sich selbständig ohne Rücksicht auf örtliche Gegebenheiten entwickeln.

Die »Essenzen« eines klassischen Landschaftsgartens

Als Gegenbewegung zu den starren, oft übertriebenen Gärten des 17. Jahrhunderts war der Landschaftsstil des englischen 18. Jahrhunderts ein Phänomen. Leitmotiv war die Landschaft selbst, wie sie in vielen Gemälden nachempfunden wurde: eine pittoreske Einheit und keine gekünstelte Fläche. In seinem Buch »The Genius of Gardening« faßt der Autor Christopher Thakker die Charakteristik der englischen Landschaftsgärten hervorragend zusammen:

»Die Gärten sind offen, auf die Landschaft ausgerichtet, wenige an das Haus gebunden, im Gegensatz zu den architektonischen französischen Gärten, in denen das Haus der Mittelpunkt des Gartenentwurfs ist.
Die Gärten sind größer. 1755 war die Gartengestaltung beschrieben als ›die moderne Kunst, eine Fläche zu gestalten‹. Ein Vorgang, der sich nach außen in die Landschaft erstreckte, nicht innerhalb einer eingefriedeten und deshalb beschränkten Fläche.
Da die Gärten offen sind, gab es einen großen Anteil an Rasenflächen und wenige Blumenflächen.«

Ohne Zweifel hat der Landschaftsgarten in der Tradition der englischen Vorbilder viele Vorteile, die für zeitgenössische Gärten ebenso zutreffend sind wie für die damaligen.

- Von Bedeutung ist der Kostenfaktor, denn ein Landschaftsgarten, bestehend aus Rasen, Baumgruppen, bescheidenen, oft nicht befestigten Wegen, ist wesentlich billiger als ein gleichgroßer architektonischer Garten.
- Ein Landschaftsgarten ist bescheiden und nicht offensichtlich gestaltet. Es sind lediglich Spuren einer räumlichen Gliederung, ein Wechsel von offenen Rasenflächen und geschlossenen Baumkulissen vorhanden.

Die Spuren einer Gestaltung sind sichtbar, aber nicht dominant, die Stimmung ist wichtig wie auch die Details – von der Komposition aus Findling, Farn und Birken bis hin zum Efeuteppich und dem einfachen Kiesweg.

- Der Garten wirkt durch die Öffnung nach außen noch größer und großzügiger.
- Obwohl die Gärten den gleichen Gestaltungsprinzipien folgen, ist jeder Garten bedingt durch seine Umgebung und die örtlichen Gegebenheiten wie auch die Interpretation der Gestaltung individuell.
- Die Belange des Landschafts- und Naturschutzes können in einem Landschaftsgarten berücksichtigt werden, ohne den Nutzwert des Gartens zu beeinträchtigen.

Es braucht Mut, sich der Umgebung zu öffnen und die natürlichen Impulse der Einkapselung zu verdrängen. Grenzen sind machbar, sie nehmen nur eine andere Form an als die Mauern, Gitter und Zäune der Städte.
Ein wichtiges Element der Landschaftsgärten sind die »Ha-Ha's«. Eine vom Garten aus unsichtbare Grenze, ähnlich einem Graben, die den Blick in die Umgebung frei läßt, das Grundstück aber vor Eindringlingen schützt. Im Garten der Villa Krantz (Seite 40) ist diese Form einer Grenzgestaltung geschickt angewandt, um die Größe des Gartens zu überspielen und die Umgebung miteinzubeziehen.

Rechte Seite: Das Teehaus mit seinem geflochtenen, abnehmbaren Dach, das im Winter im Keller aufbewahrt wird, und roten Metallstützen ist eines der vielen ausgereiften Details im Garten.

Der Garten als Landschaftspark – eine Hommage an die Bescheidenheit

Nichts deutet besser auf die japanischen Wurzeln des Gartens hin als die schlichte Brücke. Wichtig ist das Verständnis für die Bescheidenheit in der Gestaltung: Details wie der Weganschluß zur Brücke, die geflochtene Uferbefestigung und die Plazierung der Kieselsteine am Ufer.

In der Regel wird sofort nach dem Grundstückskauf gebaut. Als das Architektenehepaar Adolf und Helga Schnierle vor 30 Jahren das 3500-qm-Grundstück an der Würm kaufte, ließen sie sich Zeit, um das Grundstück und die Bezüge zur Umgebung zu begutachten. Besonderheiten sind zum einen die Blickbeziehung zur Umgebung, einem weit über 100 m langen Flußufer, dann der zum Fluß abfallende Hang mit einer Höhendifferenz von über 2 m und die Reste eines japanischen Gartens, angelegt vor über 60 Jahren. Das »Brückchen« war verwahrlost, die Ufer der zwei ineinanderfließenden Teiche zugewachsen, die Bauten verfallen.

Die Qualität des Grundstücks war eindeutig. Schnierles Ziel ging dahin, Bezüge zwischen Haus und Garten zu schaffen, eine Verbindung zwischen Innen- und Außenraum herzustellen, ohne den Charakter des Grundstücks zu verändern. Das Wohn- und Bürohaus, erbaut im Jahre 1963, besitzt skandinavische Einfachheit. Es ist ein langer, niedriger, gestreckter Baukörper auf Stelzen, unter dem die Wiese fließt. In der Anfangsphase wirkte der Landschaftsarchitekt Peter Leitzmann mit; dann waren die Visionen der Schnierles so klar, daß sie die Landschaftsgestaltung nach kurzer Zeit selbst übernommen haben.

Maßgebend ist die Bescheidenheit, die Kunst der Vereinfachung, bis die perfekte Stimmung, eine Einheit zwischen Landschaft und Garten, erreicht ist. Der Garten

ist nach außen orientiert, in der Tradition der englischen Landschaftsgärten. Er ist ein großartiges Landschaftskunstwerk, sonst nur in den weitläufigen englischen Landschaftsgärten wie Chatsworth und Tatton zu finden. Der Fluß, das gegenüberliegende Landschaftsschutzgebiet wie auch die Blickachsen zum Zwiebelturm der Dorfkirche sind einbezogen. Weitere Kontraste bieten das fließende Wasser der Würm und die kontemplativen Teichgewässer. Die gärtnerischen Elemente spielen sich in Hausnähe ab, im toskanischen Innenhof und seitlichem Gewächshaus. Hier findet man bunte Blumen, Pflanztöpfe und interessante Belagsgestaltung.
Die Details sind stimmig, funktionell und von großer ästhetischer Qualität: von der Uferbefestigung bis hin zu den Gartenbauten wie dem Teehaus, schlicht, klassisch-modern.
Über 30 Jahre hat Helga Schnierle ausprobiert, welche Pflanzen Gemeinschaften bilden, und nach dem richtigen Grad von Pflege gesucht, um die Illusion von gezähmter Natur beizubehalten. Es ist kein spektakulärer Garten; Reiz und Faszination liegen in seiner Vollkommenheit und Selbstverständlichkeit, einer Harmonie zwischen Gestaltung und Natur. Haus und Garten wurden 1993 verkauft. Der Garten als wachsendes Kunstwerk wird sich in Details verändern, die Grundzüge des Landschaftsparks bleiben.

Schlicht, einfach, bescheiden sind die Maximen des Gartens. Die gärtnerischen Aspekte sind dem Haus zugeordnet, im Innenhof und Wintergarten. Vom Haus erstreckt sich die Wiese den Hang hinab bis zur Würm und zum Wassergarten. Die Baumkulisse im Hintergrund wird im Garten miteinbezogen.

Eine Komposition

Ein Landschaftspark im eigenen Garten. Das Wohnhaus, modern und gleichzeitig landschaftsgerecht, sitzt mitten im Grundstück, umrahmt von Wiesen.

Ganz im Sinne der Landschaftsgärten wurden Landschaft und Garten in dem 6675 qm großen Seegrundstück vereint. Federführend in der Gestaltung waren die vorhandenen dominanten Landschaftselemente: der See, die Felder, die Waldränder und das Gebirge. Alles verlangte nach einer Öffnung des Grundstücks. Die Ziele – die Überspielung der Eigentumsgrenzen durch Verwendung von weichen Pflanzenkonturen, die Rückführung des Pflanzenbestandes auf die natürliche Vegetation und die Einbeziehung von Blickachsen vom Haus nach außen – waren den Eigentümern klar. Prägend, aber nicht dominant, ist das Wohnhaus, erbaut 1973. Eindeutig modern und gleichzeitig landschaftsgerecht, sitzt es mitten im Grundstück wie ein langgestrecktes Bootshaus. Die Bausprache der Umgebung wird aufgenommen, ohne daß sie ins Klischee verfällt. Dieser schlichte Baukörper erlaubt der Landschaft, bis an die Fassade heranzutreten. Der Gang um das Haus ist im Baukörper integriert und erübrigt Traufe und Terrasse. Die Plazierung des Hauses und das Grundkonzept des Landschaftsgartens kamen vom planenden Architekten. Die Linienführung der Pflanzkonturen entlang der Grenzen, das Auslichten und Ergänzen der Gehölze sowie eine erste Beet- und Schattenstaudenbepflanzung wurden von der Landschaftsarchitektin Silke Burrmann geplant.

Der Grundriß im Maßstab 1 : 500 zeigt, wie Landschaft und Garten auf dem Grundstück vereint werden. Die Konturen der Randbepflanzung sind leicht geschwungen und an ausgesuchten Plätzen unterbrochen, um die Blickbeziehungen zum See und in die Landschaft in den Garten einfließen zu lassen.

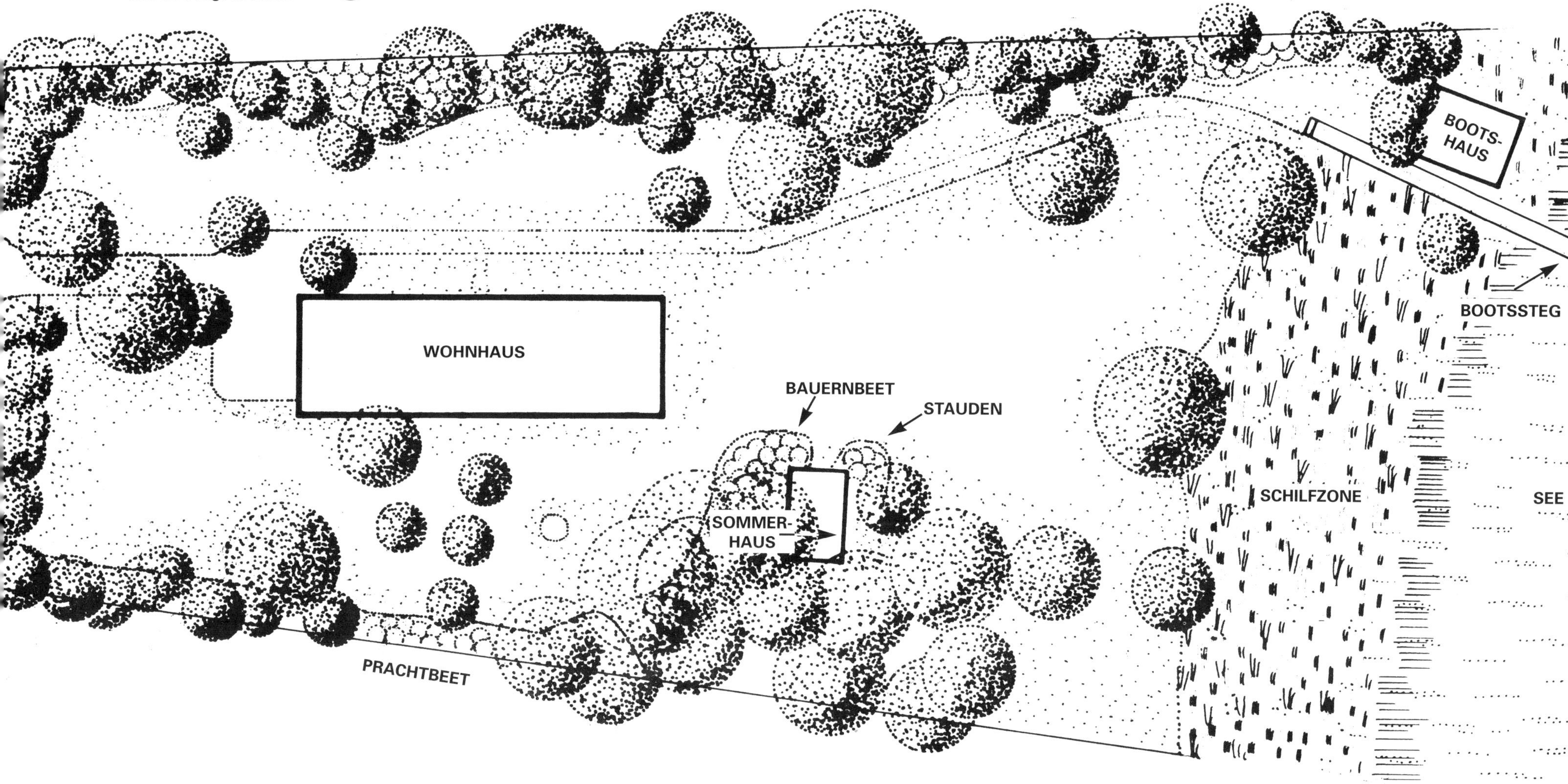

Die Obstwiese mit Margeriten unterstreicht den ländlichen Charakter, im Hintergrund das anwachsende Prachtbeet.

Seit den ersten Arbeiten im Jahre 1985 hat der Landschaftsgarten eine eigene Dynamik entwickelt. Inspiriert durch die englischen Gärten im allgemeinen und insbesondere durch die Bücher von Penelope Hobhouse und Karl Foerster[2], entdeckte die Besitzerin ihre Vorliebe für Stauden. Nicht nur für einzelne Stauden, sondern für deren Kombination, um eine harmonische Komposition zu erzeugen. Ohne die Grundzüge des Gartens zu verändern, wurden die Stauden als Begleitthema eingeführt. Zuerst nur in Teilabschnitten als Unterpflanzung der Gehölzränder, später entlang des gesamten Saumes. Im Zuge dieser Arbeit wurden die Pflanzenkonturen im Hinblick auf die Blickbeziehung und die räumliche Wirkung verfeinert.

Von der Theorie zur Wirklichkeit

Nach einigen Anfangsproblemen, die alle Teil des Lernprozesses waren, haben sich die Schatten- und Beetstauden beispielhaft entwickelt. Die Schwierigkeiten, die von vielen Hobbygärtnern erlebt werden, bezogen sich nicht nur auf das Anwachsen der Pflanzen:
Für den Profi schon eine mühevolle Suchaktion, bereitet die *Pflanzenbeschaffung* für den Laien besondere Probleme, denn sie ist aufwendig und oft erfolglos, da die in Gartenbüchern abgebildeten Pflanzen oft nur über spezialisierte Staudengärtnereien erhältlich sind. Sehr hilfreich bei dieser Arbeit ist der Pflanzeneinkaufsführer von Anne und Walter Erhardt. Als weitere Hilfe für jeden, der in diese Situation kommt, wird im Anhang auf einige gut sortierte Bezugsquellen unter besonderer Berücksichtigung des Münchner und südbayerischen Raums hingewiesen.
Allzuoft entsprechen die abgebildeten *Blütenfarben*, insbesondere die zarten Pastell- und Blautöne, nicht der Realität. Die Umpflanzungsquote kann beträchtlich sein. Ohne Frage ist es wichtig, nicht nur Bücher zu Rate zu ziehen, sondern so viele Gärten wie möglich zu besichtigen, um sich vor Pflanzbeginn über die Farbe, Form, Höhe und Struktur der Pflanze zu informieren. So wurde auch für diesen Garten vorgegangen. Zahlreiche Reisen lieferten die notwendige Information.
Die *Eignung und Standfestigkeit* der einzelnen Stauden, ihre Reaktion auf das Mikroklima und die Bodenverhältnisse können zwar nach Richtwerten eingeschätzt werden, die Pflanzung am Ort ist jedoch der eigentliche Test. Die Nähe zum See wie auch die extremen Wetterschwankungen in Südbayern haben das Gedeihen der Stauden erschwert. Manche haben sich prachtvoll entwickelt, wie eine empfindliche Schwertlilien-*Agapanthus-Headbourne*-Hybride, andere wie die Buschmalve *(Lavatera thuringiaca* »Barnsley«) konnten sich nur mühevoll durchsetzen.
Anmerkungen zur *Gruppierung und Geselligkeit der Pflanzen*, welche sich als Bodendekker oder eher als einzelne Stauden eignen, sind in Fachbüchern und Staudenkatalogen nachzulesen. Auch der Staudengärtner gibt zu diesem Thema wertvolle Hinweise, nach denen individuelle Kombinationen möglich sind.
Große Enttäuschungen gab es im Garten wegen der ungehinderten Zuwanderung von allerlei gefräßigen Plagegeistern wie Schnecken, Mäusen und Rehen, die ganze sorgfältig komponierte Areale vernichteten. Alle konnten ihren Gourmetgeschmack im Garten sättigen. Ein Erfolgsrezept für die Reduzierung solcher Schäden gibt es nicht, nur einzelne erprobte Methoden von der Bierfalle bis zum Kaninchennetz.

Die »wilde« Pflanzung

Die Staudenpflanzung ist in zwei Bereiche eingeteilt: die Beetstauden und die Schatten- und Halbschattenstauden am Fuße der Gehölzpflanzung. In jedem Garten ist die Frage der Ausdehnung der Pflanzung – ob nur Teilbereiche oder gesamte Randzonen bepflanzt werden sollen – umstritten. Eine gute Pflanzenkombination sieht ruhige Bereiche zwischen Höhepunkten vor. So ist es in diesem Landschaftsgarten. Großzügige

Ausgewählte Staudenkombinationen wurden als Begleitthema in den Garten eingearbeitet: Die Konturen der Schattenstaudenbeete korrespondieren mit der Projektion der Baum- und Strauchkronen: Vor Schildblatt (*Darmera peltata*, engl. *Peltiphyllum peltatum*) wachsen Segge (*Carex morrowii* »Variegata«) und Schaumblüte *(Tiarella cordifolia)*.

Bänder von Bodendeckern werden durch einzelne Gruppen von Farnen, Gräsern und Blumenzwiebeln ergänzt. Die Pflanzen wurden nach verschiedenen Gesichtspunkten ausgewählt, beispielsweise nach ihrer Verwilderungsfähigkeit.
Von der Grundidee her steht das Bepflanzungskonzept in Einklang mit William Robinsons[5] Thesen, geschrieben im Jahre 1870 in »The Wild Garden«. Nach Robinson sind »Wilde Gärten« beschränkt auf Teilbereiche entlang von Waldwegen, am Gehölzrand, in Wiesen, die etwas weiter entfernt vom Haus liegen. Die Pflanzen selber sollten nicht nur heimisch sein, sondern auch Stauden, die das Klima vertragen und sich im Charakter einfügen. In diesem Sinne sind die Schattenbeete im Garten ausgeführt, die mit dem ungeordneten, alles überwuchernden »grünen Dschungel« der 80er Jahre nichts mehr zu tun haben. Ihre Konturen korrespondieren prinzipiell mit dem Verlauf der Baumkronen der Strauch- und Baumbepflanzungen: Buchten von Schattenstauden und lichtere hervorstechende Halbinseln voll mit Halbschattenstauden; Bänder von Storchschnabel (u. a. *Geranium phaeum*, *G. phaeum* »Album«, *G. clarkei* »Kashmir White«, *G. renardii*); verschiedene Nieswurz-Arten, in einem zarten Hellgrün *(Helleborus foetidus)*, reichend bis zur bräunlichen Hybride »Atrorubens«; Elfenblume *(Epimedium x perralchicum* »Frohnleiten« sowie *E. x rubrum)* in außergewöhnlichem Kontrast zum dunkelgrünen Wedel von Wurmfarn *(Dryopteris filix-mas)*.
Einzelgruppen von Gräsern, Wald-Hainsimse *(Luzula sylvatica)* wie auch riesige Seggen *(Carex pendula)* schaffen den Übergang von der Wiese zur Randbepflanzung. Die Kombinationen sind vielfältig und großzügig, mit unerwarteten Höhepunkten wie dem schwefelgelben Hundszahn *(Erythronium*-Hybride »Pagoda«). Zusammen mit der nickenden gelben Blütenglocke der Lilienart *Uvularia grandiflora* bildet er einen reizvollen Kontrast zu den azurblauen Blüten von Kaukasusvergißmeinnicht *(Brunnera macrophylla)*.
Sehr wertvoll sind die verwilderten Pflanzen wie Akelei, Fingerhut, Scheinmohn und Judassilberling *(Lunaria annua)*, die ihre eigene Dynamik entwickelt haben und im Halbschatten- und Prachtbeet zu finden sind. Aus der Entfernung wirkt die Pflanzung als zartes Meer, aus der Nähe als gekonntes Spiel mit Laubformen und Farben.
Die Frühlingsblüte ist ein besonderer Höhepunkt im Blütenjahr. Hier sind die Grenzen zwischen Wiese und Staudenpflanzung verwischt. Schneeglöckchen, Krokus, Buschwindröschen *(Anemone nemorosa)*, Narzissen (z. B. »Thalia«, *Cyclamineus*-Narzis-

sen »February Silver«, die Dichternarzissen »Actaea« und die spätblühende *Narcissus poeticus recurvus*), Tulpen, große Massen von lilienblütigen Tulpen »White Triumphator«, gelbe »Westpoint« und satinrosa »Marietta« bilden mit zahlreichen anderen Sorten und Herbstcyclamen als Ausklang wahre Blütenteppiche.

Das Prachtbeet, eine blühende Staudenhecke

Während der Blick aus dem Fenster jeweils einen anderen Ausschnitt des Beets zeigt, ist der Gesamteindruck aus der Ferne ein fließendes Band von Farben. In der Silhouette wie eine Feldhecke, wird die differenzierte Abstimmung von Farbtönen, Laubform und Höhe erst aus der Nähe ersichtlich. Die Beherrschung von Farbkombinationen je nach Jahreszeit ist beeindruckend, Nuancen und Überlappungen sind ein Beweis für die jahrelange Auseinandersetzung mit dem Thema. Obwohl vieles von den Arbeiten der Engländerinnen Rosemary Verey und Penelope Hobhouse übernommen wurde, sind die Handschrift und Begabung der Eigentümerin klar ersichtlich. Besonders geglückt ist die Zusammenstellung von kräftigen blaßvioletten Blüten-Kandelabern des Bärenklau *(Acanthus spinosus)* mit kleinen blauen Ähren von Salbei *(Salvia nemorosa* »Ostfriesland«). Oder die blau-rot-weiße Kombination aus Kugeldistel *(Echinops ritro)* zwischen Phlox in zwei abgestuften Rottönen (leuchtendroter »Starfire« und ziegelroter »Spitfire«, getrennt durch weißen »Kirmesländer« mit rotem Auge) mit leuchtendblauer Katzenminze *(Nepeta sibirica)* im Hintergrund.

Links oben: Im Frühling blüht die kräftig satinrosa lilienblütige Tulpe »Marietta«, ihre Blütenfarbe wird dann von Tränendem Herz *(Dicentra spectabilis)* wiederaufgenommen. Dazu weiße Schaumblüte und blaues Vergißmeinnicht.

Unten: Eine sorgfältige Farbabstufung aus verschiedenen Storchschnabelarten (niedriges *Geranium endressii* in Rosa, *Geranium × magnificum* in Violettblau).

Links Mitte: Im Halbschatten- und Prachtbeet haben sich verschiedene Akeleien (*Aquilegia* »Biedermeier-Mischung«) ausgebreitet, im Vordergrund blüht grüngelbliche Wolfsmilch *(Euphorbia amygdaloides)*.

Links unten: Blumenzwiebeln wie purpurlila *Allium aflatunense* bilden einen Höhepunkt, hier unterpflanzt mit Frauenmantel.

Rechte Seite: Die sorgfältige Auswahl von Stauden ist aus diesem Teilausschnitt des Pflanzplans vom Prachtbeet im Maßstab 1 : 100 ersichtlich. Die Blumenzwiebeln ziehen sich – selbstverständlich farblich abgestimmt – durch das gesamte Beet.

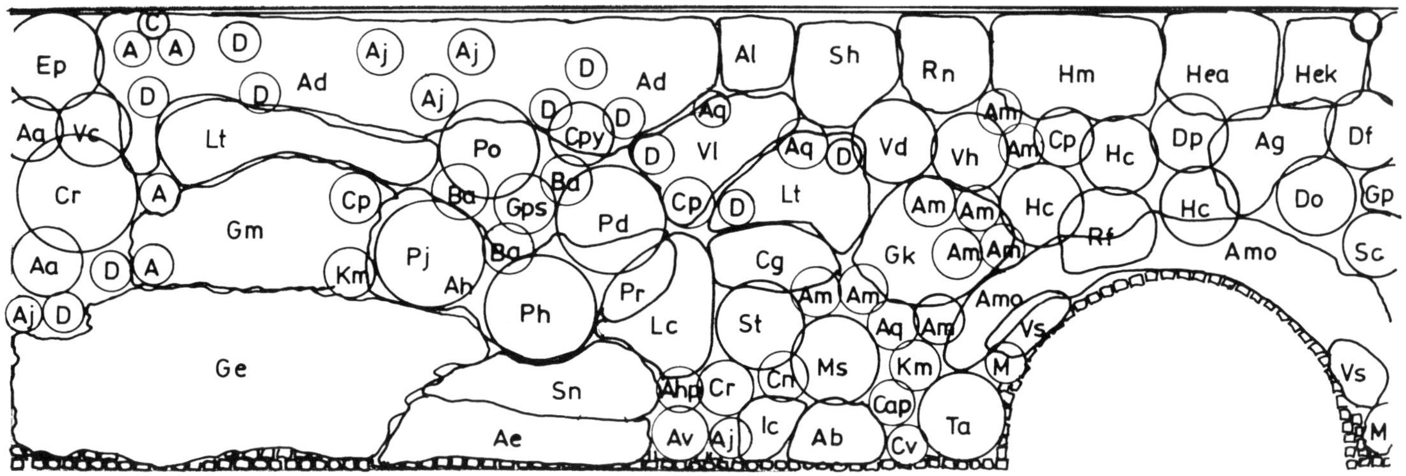

	Botanischer Name	Deutscher Name	Blüten-farbe	Blüte-zeit
	Blau Leitfarbe			
Aa	*Aconitum* var. x arendsii	Eisenhut	dunkelblau	VII–X
Aq	*Aquilegia vulgaris*	Akelei	blau	V–VI
Av	*Aster amellus* »Veilchenkönigin«	Aster	dunkelviolett	VIII–IX
Ab	*Aster dumosus* »Blaue Lagune«	Aster	blau	IX–X
And	*Aster novae-angliae* »Barrs Blue«	Aster	dunkelblau	IX–X
Ad	*Aster novi-belgii* »Dauerblau«	Aster	dunkellilablau	IX–X
Ba	*Baptisia australis*	Indigolupine	lilablau	VI–VIII
Cn	*Calamintha nepeta*	Steinquendel	hellblau	VIII–X
Cp	*Campanula lactiflora* »Prichards Variety«	Glockenblume	zartblau	VI–VII
Cg	*Campanula persicifolia* »Grandiflora Coerulea«	Glockenblume	blau	IV–V
Cpy	*Campanula pyramidalis*	Glockenblume	hellblau	VI–VII
Gm	*Geranium x magnificum*	Storchschnabel	violettblau	V–VI
Pr	*Polemonium reptans*	Jakobsleiter	hellblau	IV–VI
Sn	*Salvia nemorosa* »Blauhügel«	Salbei	blau	VII–IX
Ta	*Tradescantia*-Andersoniana-Hybride »Zwanenburg Blue«	Dreimasterblume	blau	V–IX
Vh	*Verbena hastata*	Verbene	violett	VI–X
Vc	*Vernonia crinita*	Vernonie	purpurviolett	VI–IX
Vl	*Veronica longifolia* »Blauriesin«	Ehrenpreis	dunkelblau	V–VI
Vs	*Veronica teucrium* »Shirley Blue«	Ehrenpreis	leuchtendblau	V–VI
	Rot – Rosa Begleitfarbe			
Ahp	*Anemone hupehensis* »Praecox«	Herbstanemone	dunkelrosa	VIII–X
A	*Anemone*-Japonica-Hybride »Rosenschale«	Herbstanemone	dunkelrosa	IX–X
Ah	*Aster lateriflorus* »Horizontalis«	Aster	weiß/rötlich	IX–X
Am	*Astrantia major* »Rosea«	Sterndolde	rosa	VI–VIII
Cr	*Centranthus ruber*	Spornblume	rot	
D	*Digitalis purpurea*	Fingerhut	rosa/rot	VI–VII
Ep	*Eupatorium purpureum* »Atropurpureum«	Wasserdost	purpur	VII–IX
Ge	*Geranium endressii*	Storchschnabel	rosa	VII–VIII
Gk	*Geranium pratense* »Mrs. Kendall Clark«	Storchschnabel	rosagetönt	VI–VII
Gps	*Geranium psilostemon*	Storchschnabel	magenta	VI–VII
Hc	*Hemerocallis* »Crimson Pirate«	Taglilie	rot	VI–VIII
Km	*Knautia macedonica*	Witwenblume	dunkelrot	VII–IX
Ph	*Paeonia lactiflora* »Holbein«	Pfingstrose	rosa	V–VI
Po	*Papaver orientale* »Graue Witwe«	Mohn	zartrosa	
St	*Sedum telephium* »Herbstfreude«	Fetthenne	braunrot	IX–X

	Botanischer Name	Deutscher Name	Blüten-farbe	Blüte-zeit
	Weiß Begleitfarbe			
Aj	*Anemone japonica* »Honorine Jobert«	Herbstanemone	reinweiß, gef.	IX–X
Al	*Artemisia lactiflora*	Beifuß	milchweiß	IX–X
Am	*Astrantia major*	Sterndolde	weiß	VI–VII
Cap	*Campanula persicifolia* »Alba Plena«	Glockenblume	weiß	IV–VII
Cr	*Cimicifuga racemosa*	Silberkerze	weiß	VII–VIII
C	*Clematis paniculata*	Waldrebe	weiß	IX–X
Gp	*Gypsophila paniculata* »Bristol Fairy«	Schleierkraut	weiß	VI–VIII
Lc	*Lychnis coronaria* »Alba«	Lichtnelke	weiß	VII–VIII
Lt	*Lysimachia clethroides*	Felberich	weiß	VI–VII
Pd	*Paeonia* Lactiflora-Hybriden »Dürer«	Pfingstrose	reinweiß	VI
Pj	*Paeonia* »Jan van Leeuwen«	Pfingstrose	weiß	VI
	Gelb Leitfarbe (»Gelbe Mitte«)			
Ae	*Alchemilla erythropoda*	Frauenmantel	grünlich-gelb	VI–VII
Amo	*Alchemilla mollis*	Frauenmantel	grünlich-gelb	VI–VI
Cv	*Chrysogonum virginianum*	Goldkörbchen	gelb	V–VII
Hek	*Helenium*-Hybride »Kupfersprudel«	Sonnenbraut	kupferbraun	VII–VIII
Hea	*Helenium*-Hybride »B. S. September Gold«	Sonnenbraut	goldgelb	VIII–IX
Hm	*Helianthus microcephalus*	Sonnenblume	gelb	VII–IX
Ic	*Inula ensifolia* »Compacta«	Alant	gelb	VI–VIII
Mc	*Meconopsis cambrica*	Scheinmohn	gelb	VI–IX
Ms	*Miscanthus sinensis* »Yakushima Dwarf«	Chinaschilf		IX–XII
Rn	*Rudbeckia nitida* »Herbstsonne«	Sonnenhut	goldgelb	VII–X
Rf	*Rudbeckia fulgida* var. sullivantii »Goldsturm«	Sonnenhut	gelb	VIII–X
Sc	*Solidago caesia*	Goldrute	reingelb	IX–X
Sh	*Solidago x hybrida*	Goldrute	gelb	VII–IX
Vd	*Verbascum x hybridum* »Densiflorum«	Königskerze	zitronengelb	VI–VIII
	Blau Begleitfarbe			
	Delphinium-Hybriden			
Df	»Finsteraahorn«	Rittersporn	dunkelblau	VI–VII
Do	»Ouvertüre«	Rittersporn	blau-rosa	VI–VII
Dp	»Perlmutterbaum«	Rittersporn	hellblau-rosa	VI–VII
Cls	*Campanula lactiflora* »Superbum«	Glockenblume	dunkelblau	VII–VIII

Leuchtend gelber Scheinmohn *(Meconopsis cambrica)*, der sich selbst im Beet ausgesät hat, hinter Frauenmantel *(Alchemilla mollis)*. Dazu die langen Säbelblätter der blauen Dreimasterblume (*Tradescantia-Andersoniana*-Hybride »Zwanenburg Blue«).
Riesenakelei in Blau ragen aus dem hinteren Teil des Beetes, während eine violette Akelei sich an der Beetkante durchgesetzt hat.
Den Höhepunkt bildet die einfache Pfingstrose (*Paeonia lactiflora* »Holbein«). Das Beet klingt schließlich aus mit Storchschnabel in Violettblau *(Geranium × magnificum syn. platypetalum)* und Rosa *(Geranium endressii)*, gesprenkelt mit Sterndolde *(Astrantia major)*.

Sommerbild des blau-violetten Teils im Prachtbeet: Beherrschung von Farbkombination und Staffelung. Hohe Rittersporne, alle in Blautönen (u. a. *Delphinium-Elatum*-Hybriden »Lanzenträger«, »Finsteraahorn«), violettes Leinkraut *(Linaria alpina)*, *Allium aflatunense*. Dazu passen komplementäre Rot- und Magentafarben von *Achillea millefolium* »Fanal«, Schmuckkörbchen und Lichtnelken und weiße Flecken von Margeriten.

Schmucklilie (*Agapanthus-Headbourne*-Hybride) in lockeren Dolden vor weißen Rispen von Ehrenpreis (*Veronica virginica* »Alba«). Bärenklau *(Acanthus spinosus)* und zarte Rispen von Chinaschilf *(Miscanthus sinensis)*.

Das 16 m lange Beet ist in Farbabschnitte gegliedert, hauptsächlich innerhalb der rot-blauen Farbpalette, mit Weiß als Begleitung. Eine Ausnahme ist die warme goldene Mitte. Im Spätsommer und Frühherbst nehmen einzelne Pflanzen die Farbgebung der Nachbarpflanzung auf und stellen somit eine Verbindung zur benachbarten Farbkombination her; etwa die kleinen margeritenähnlichen Blüten von niedrigem Alant *(Inula ensifolia)* in dem blau-roten Abschnitt. Das 3 m tiefe Beet erlaubt eine gute Höhenstaffelung von 2 m Höhe am Zaun bis zu 10 cm Höhe in den vorderen Reihen.

Die Bauernrabatte

Im Kontrast zur Farbharmonie und Ausgewogenheit des Prachtbeets steht die Bauernrabatte um das ehemalige Spielhaus. Es ist eine lockere bunte Mischung von allerlei Beetstauden im bayerischen Stil, durchmischt mit Rosen.
Zum großen Teil fanden aussortierte Pflanzen aus dem Prachtbeet ihren Platz hier; eine Lösung für die Unterbringung von Pflanzenmaterial und eine Chance, andere Farbkombinationen auszuprobieren und zu beobachten.
Der Pflegeaufwand im Garten ist enorm – weniger für die Wiesenfläche, die viermal jährlich gemäht wird, und die Gehölze, die gelegentlich gelichtet werden, als die Stauden, die die meiste Zeit in Anspruch nehmen. Insgesamt über 230 laufende Meter Pflanzfläche sind beachtlich für einen Privatgarten. Daß ein solcher Arbeitsaufwand nur mit Begeisterung zu bewältigen ist, liegt auf der Hand. Viele Aspekte des Gartens sind beispielhaft auch für wesentlich kleinere Gärten. Wichtig sind die Stimmigkeit des Grundkonzeptes und eine großräumige Wirkung, die das Einfließen eines Begleitthemas wie das der Stauden zuläßt.

Ein Garten auf dem Lande

Es ist schwierig, einen Garten so zu gestalten, daß er den Anschein vermittelt, im Hinblick auf die Umgebung maßgeschneidert zu sein. Daß er die bayerische Gemütlichkeit und das Gespür für das Leben auf dem Lande widerspiegeln soll, könnte problematisch sein, wenn der Gestalter nicht selbst eine Beziehung zu Land und Leuten hat. Die Vorstellung vom Garten war Johannes und Barbara Bauer klar, »ein bäuerlicher Garten, der zu Haus und Landschaft paßt«. Der Rahmenplan, erstellt von Gottfried Hansjakob, der selbst in ländlicher Umgebung groß geworden ist, beinhaltet die gewünschten Gartenelemente im passenden Maß: große Wiesenflächen, ein Küchengarten in der Nähe des Hauses, ein langer breiter Weg zum Hauseingang und ein Teich am Rand des Gartens. Die Zusammenstellung der Pflanzen für die Staudenrabatte und die Teichzone wurde von der Autorin in Absprache mit der Eigentümerin vorgenommen.

Maßgebend für die Gestaltung des 1800 qm großen Gartens waren die Lage und Umgebung, ein herrlicher Buchenwald an einer Grenze, die Ausblicke, die Nachbarhäuser und das Wohnhaus selber. In die hintere Hälfte des Grundstücks gesetzt, ist das Haus, gebaut 1983/84 nach Plänen des Stuttgarter Architekten Rolf Keller, in bescheidenem ländlichen Stil gehalten. Der Garten schmiegt sich um das Haus, ohne Trennung in Vor- und Wohngarten.

Der Küchengarten wurde im bäuerlichen Stil angelegt mit Hochstammrosen und bunten Glaskugeln zwischen den Gemüsebeeten.

Der Küchengarten

Der rechteckige Küchengarten ist zwischen Haus und Garage angelegt. Schlichte Holzbohleneinfassungen trennen die Beete vom Kiesweg. Die Bepflanzung selber wurde von Barbara Bauer, einer begeisterten Gärtnerin, vorgenommen. Es finden sich allerlei Kräuter und Gemüse, ergänzt mit Beerenobst (u. a. Hochstamm-Stachelbeeren) und einer Johannisbeerenhecke zur Obstwiese. Parallel zum Küchengarten verläuft der breite Natursteinplattenweg zum Hauseingang. Ein feingegliedertes Holzspalier, bewachsen mit Äpfeln, Birnen und Kletterrosen, ist sowohl Trennung wie auch Übergang von einem Bereich zum anderen.

Die Veränderung einer Rabatte

Entlang des Hauptweges wurde als farbige Begleitung eine 20 m lange Staudenrabatte angelegt. Die Anfangswirkung der Rabatte im jungen Garten war sehr wichtig. In Anlehnung an die Staudenbeete von Gertrude Jekyll[3] wurden die Pflanzen in der Höhe gestaffelt und in Gruppen gesetzt. Passend zum allgemeinen Thema des Gartens, sind Aspekte der bunten Bauerngärtenrabatten in die Gestaltung des Beets mit eingeflossen: Rote Pfingstrosen *(Paeonia officinalis* »Mollis«), Margeriten (*Leucanthemum maximum* »Wirral Supreme«), Phlox, weiße »Nymphenburg«, warmrosa »Sommerfreude« und rosalila »Dorffreude« wie auch verschiedene Herbstastern und Rudbekkien. Die Blütenfarbe wurde auf die blau-gelb-rote Palette beschränkt.
Durch den Schatten der inzwischen groß gewordenen Nachbarbäume, die erst nach Anlegung des Beetes gepflanzt wurden, hat sich die Rabatte verändert. Inzwischen ist sie verschattet und trocken, daher wurde eine Umstrukturierung in einigen Bereichen notwendig. Hier eignet sich eine An-

Ein zwei Meter breiter Plattenweg führt direkt auf den Hauseingang zu, auf der linken Seite von Spalierbäumen begleitet, auf der rechten flankiert durch ein langgezogenes Staudenbeet.

Für den Eindruck des naturhaften Biotops ist es wichtig, den Teich nicht mit Pflanzen und Gegenständen zu überladen, sondern zunächst gezielt zu bepflanzen, etwa mit Sumpfschwertlilien *(Iris pseudacorus)*.

passung an die Pflanzung im Eingangsbereich, der von Anfang an mit Halbschattenstauden bepflanzt war. Bewährt haben sich die Funkien und die Farne, wie auch die prachtvolle 2 m hohe Fellhortensie *(Hydrangea aspera* var. *Macrophylla)* mit ihren langen ovalen Blättern und üppigen weißblauen Blüten, die den Eingang signalisieren.

Die Blumenwiese

Die größte Fläche des Gartens ist mit einer Blumenwiese bedeckt. Gesprenkelt von einzelnen Obstbäumen, wickelt sie sich um drei Seiten des Hauses. Standortgerecht hat sich die trockene Wiese hervorragend auf dem mageren Kalkboden entwickelt. Von der Anfangspracht eines roten Mohnblumenmeeres im ersten Jahr bis zur ausgewogenen naturnahen Wiese (mit einer Mischung aus Gräsern, Margeriten, Kornblumen, Kamille und Wiesensalbei bepflanzt) hat es einige Jahre gedauert. Die richtige minimale Pflege, zweimal jährlich mähen, wie auch ein Verzicht auf Düngung, sind wichtig für die Entfaltung der Wiese.

Wasser im Garten

Wasser im Garten ist ein Muß und steht auf jeder Wunschliste. Die Gestaltung sollte jedoch zum Gartenstil passen und insbesondere in einem Landschafts- oder ländlichen Garten den Anschein geben, als ob das Wasser immer da war. Selten liegt ein Teich so gut wie im gezeigten Garten. Größe, Form, Uferabwicklung, Lage und Bepflanzung sind stimmig. Das Erfolgsgeheimnis liegt in der Plazierung und der Ausführung des Teiches selbst. Die Abdichtung und endgültigen Konturen wurden von Hand ausgeführt. In Wochenendarbeit stampften der Besitzer und seine Helfer ungebrannte Lehmziegel selbst, bauten sie Schicht für Schicht auf und modellierten sie. Die Wassereinspeisung er-

Der Plan im Maßstab 1 : 250 zeigt die selbstverständliche Zuordnung des Gartens: Wohnhaus, Küchengarten, Garagenvorplatz und Zugang sind an einer Seite des Grundstücks gebündelt. Passend zum ländlichen Ambiente schmiegt sich die Wiese um die restliche Fläche. Ganz selbstverständlich liegt der Tümpel in einer Ecke des Gartens.

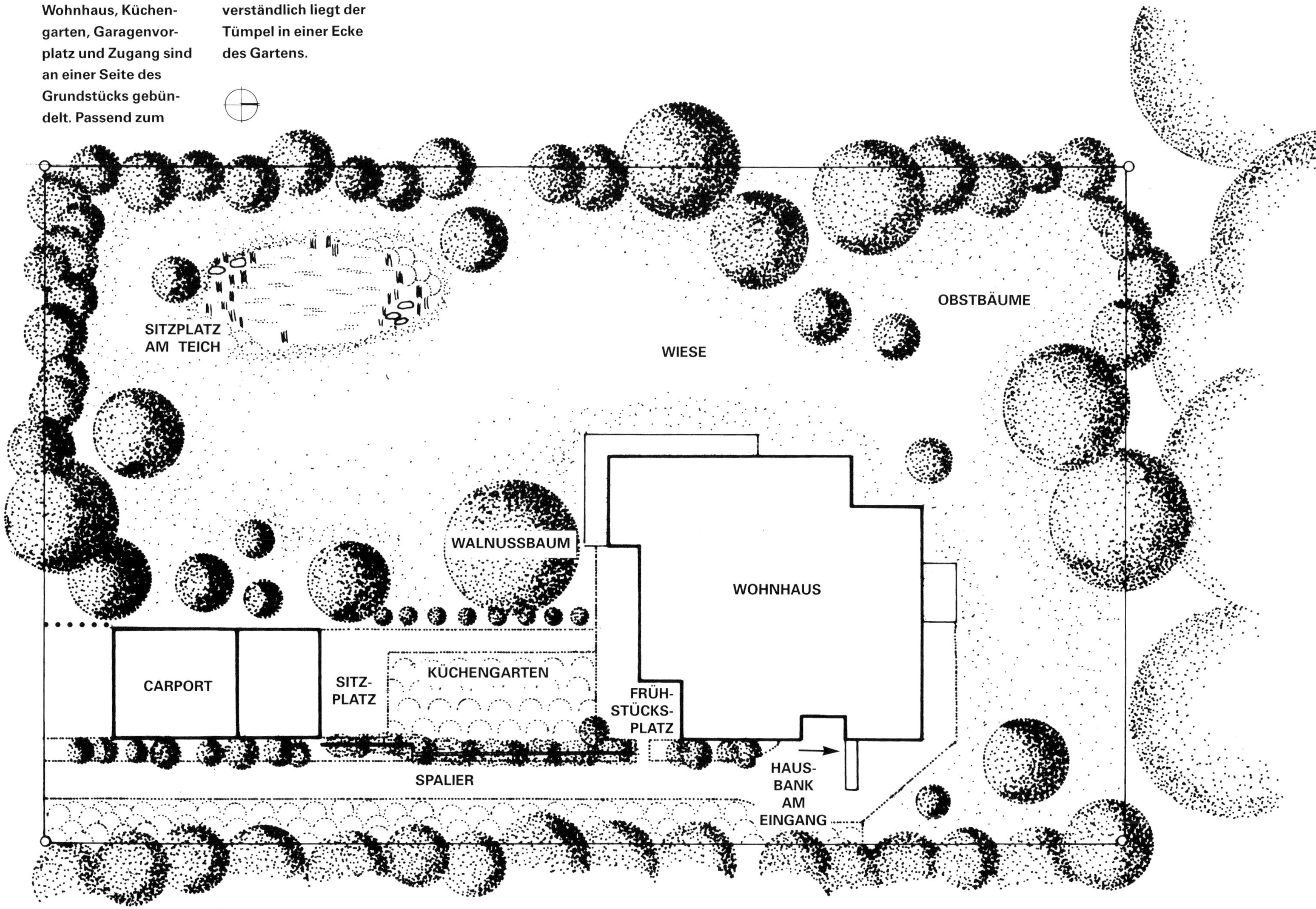

Der Teich liegt wie gegossen im Garten, Findlinge sind sparsam verteilt, die Übergänge sanft gestaltet. Der Sitzplatz ist beweglich, je nach Sonnenstand. Hier paßt der leichte, temporäre Charakter der Gartenmöbel »Fontenay«.

Rechts: Die Teichbepflanzung ist eine Mischung aus Gepflanztem und Selbstausgesätem. Im Vordergrund Fauenmantel *(Alchemilla mollis)* neben Bunter Kronwicke *(Coronilla varia)*, einem Wildgewächs, im Hintergrund Blutweiderich. Zwischen den Seerosen Rohrkolben *(Typha minima)*.

folgt über das Regenwasser vom Garagendach, das in unterirdischen Rohren in den Teich geleitet wird. Einzelne Findlinge sind sparsam, aber passend verteilt, gut eingebettet und nicht weit herausragend.
Die Teichvegetation wurde teils angepflanzt, teils siedelte sie sich selbst an, wie etwa eine Salweide *(Salix caprea)* und eine zarte blaue Schwertlilie *(Iris sibirica)*. Die Übergänge von Wasserpflanzen zu Sumpfpflanzen und zur Uferbepflanzung wurden sanft und naturnah gestaltet, desgleichen die Pflanzenwahl. Hier wurden hauptsächlich heimische Pflanzen verwendet, Sumpfdotterblumen *(Caltha palustris)*, die sich selbst verbreitet haben, die gelbe Sumpfschwertlilie *(Iris pseudacorus)*, zarte himmelblaue Sumpfvergißmeinnicht *(Myosotis palustris)*, eine blaßgelbe Seerose, Rohrkolben und Binse.
Die Sitzplätze sind je nach Jahres- und Uhrzeit im Garten verteilt. Teils feste Plätze wie der Frühstücksplatz am Haus, der Abendplatz mit Tisch und Bänken am Ende des Küchengartens und teils bewegliche Plätze, die mit dem Schatten durch den Garten ziehen. Beliebt ist der Platz am Teich, mit Blick auf die tanzenden Libellen, mit Wiese und Haus im Hintergrund. Der Garten hat etwas Selbstverständliches und Geborgenes. Ein Ort zum Verweilen und Arbeiten. Prägend für das Ambiente des Gartens ist das richtige Maß an Pflege, welches die Gestaltung, die Landschaft wie auch die Natur zur Geltung kommen läßt.

Ein Schaukasten für Blumen

Jede Jahreszeit ist im Garten spürbar. Durch gekonnte Pflanzenkombinationen, die Bezug auf die landschaftliche Umgebung nehmen, ist die Dynamik der Pflanze erlebbar. Nach der Frühlingsblüte übernimmt ein weißes Meer von *Allium zebdanense* die Führung im Beet.

Jeder Winkel des Gartens spiegelt die Pflanzenleidenschaft von Ernst und Gertrud Rupp. Die Zusammenarbeit zwischen ihm als Gartenarchitekten und ihr als gelernter Gärtnerin ermöglichte die Verwirklichung des Traumes vom Garten für alle Jahreszeiten. Inspiration und Leitbilder entstammen der Gedankenwelt englischer Staudengärten wie auch den Werken Karl Foersters.[2] Die Gestaltung des Gartens ist eng mit der Präsentation von Pflanzen verbunden, jeder Gartenbereich ist einem anderen Thema gewidmet; von einem intimen, abgesenkten Blumengarten bis zu einer naturnahen Bepflanzung am Fluß.
Der rund 1500 qm große Garten liegt am Westrand Münchens, angrenzend an die Würm. Von der Straße zur Würmniederung gibt es einen Höhenunterschied von 2 m, nach Norden abfallend. Die Nordwestorientierung des Gartens ist keine günstige Voraussetzung für einen Garten dieser Art. Nur durch viel Pflege kann dies zum Teil ausgeglichen werden. Die Maxime der Rupps, »es wird durchgeblüht«, wurde durch hervorragende Pflanzenkenntnisse umgesetzt. Trotz gewünschter Vielfalt wurde nicht versucht, Pflanzen zu integrieren, die wegen der Klima- und Bodenverhältnisse eindeutig nicht gedeihen und im Gartenbild fremd wirken würden.
Der Garten hat sich seit 1957 entwickelt und verändert. Die Grundzüge der Gestaltung sind geblieben, neue Aspekte wurden aufgenommen. In den letzten Jahren haben sich die Rupps dem Thema naturnahe Pflanzung und Verwilderung gewidmet. Zum Teil aus der Erkenntnis heraus, daß der Pflegeaufwand des Gartens bei fortschreitendem Lebensalter schwieriger durchzuführen ist, aber auch aus dem Interesse an einer Vernetzung zwischen dem Gepflanzten und dem Verwilderten. Der Garten läßt solch eine Entwicklung zu, und mit der Blickbeziehung zum angrenzenden Landschaftsschutzgebiet entlang der Würm paßt dies sogar zum Gesamtbild.

Der Garten, entworfen von Landschaftsarchitekt Ernst Rupp, ist verschiedenen Themen gewidmet. Er ist – hier im Maßstab 1 : 250 abgebildet – nicht auf einen Blick erfaßbar. Die Pflanzung ist abwechslungsreich nach dem Grundsatz des »Immerblühenden Gartens« konzipiert.

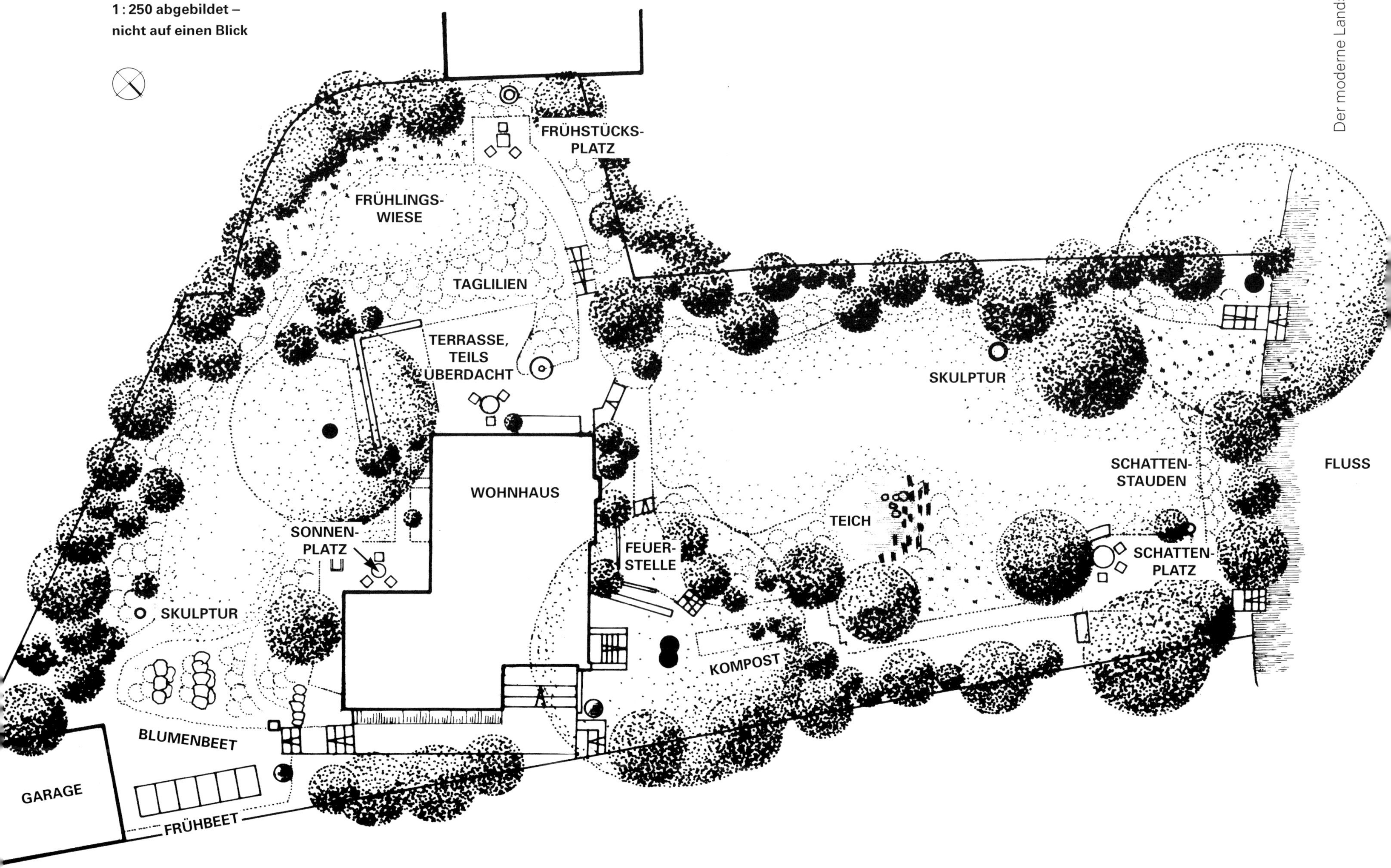

Unten: Der Wiesenteppich ist ein hervorragendes Beispiel für die Vernetzung von Gepflanztem und Verwildertem; zarte Blüten, die einen Höhepunkt im Garten bilden.

Rechts: Nach der Blumenzwiebelblüte dekken Farne, Funkien und andere großblättrige Stauden die einziehenden Blätter der Blumenzwiebeln. Eine lockere Hecke von Sträuchern, von links nach rechts *Lonicera maackii, Corylus contorta* und *Viburnum opulus*, schließt den Blick zum dahinterliegenden Fluß. Nach der weißen Pracht von *Allium* kommen gelbblühende Stauden, eine einzelne *Telekia speciosa*, eine Gruppe Felberich *(Lysimachia punctata)*, grün-gelber Frauenmantel *(Alchemilla mollis)* und später goldgelbe *Ligularia dentata*.

Eine Symbiose

Das Hauptelement des Gartens sind die Konzentrationen gärtnerischer Leistungen, wie die Prachtstaudenbeete, neben naturnahen Bereichen. Zwischen den Rabatten, dem Blumengarten am Eingang, dem Sonnenhang und der Teichbepflanzung wirken Rasenflächen zum einen als optischer Kontrast zur Pflanzung, zum anderen als Teil des naturhaften Gartens, in dem Obstbäume wie auch Blumenkräuter wachsen. Nur durch diese Gegenüberstellung von wildwachsenden Blütenpflanzen und gezüchteter Spezies wird die volle Wirkung der Pflanzen deutlich: weiche, zarte Wiesenblumen neben ihren kräftig leuchtenden, gezüchteten Verwandten.

Der Wiesenstreifen

Im Frühling ist der Wiesenstreifen ein Höhepunkt im Garten, eine Melange zwischen dem Gepflanzten und dem Verwilderten. Eine harmonische Komposition von zart weißblühenden Buschwindröschen *(Anemone nemorosa)* steht neben azurblauen Strahlenanemonen *(Anemone blanda* »Blue Shades«). Dazu inzwischen verwilderte Schachbrettblumen *(Fritillaria meleagris)* und weiße *Fritillaria meleagris alba*, zartrosa Wiesenschaumkraut *(Cardamine pratensis)* und Veilchen. Hellgelbe Schlüsselblumen *(Primula veris* und höhere *Primula elatior)* wie auch gelbe Butterblumenanemonen *(Anemone ranunculoides)* und blau-rosa Lungenkraut *(Pulmonaria angustifolia)*. Der Gesamteffekt ist ein feingewebter, melierter Teppich, nicht beschränkt auf eine kleine Fläche, sondern über 20 qm fortlaufend. Diese verwilderte Zone ist ein hervorragender Übergang zwischen der Wiese und dem Halbschattenstaudenbeet unter den Bäumen und Sträuchern.

Um den Baumstamm ein Pulk spätblühende *Narcissus poeticus* »Actaea«, am Fuß der Sträucher u. a. gelbe Blutwurz *(Sanguinaria canadensis)* und Nieswurz *(Helleborus foetidus)*. Im Hintergrund der Schattenplatz an der Würm.

Rechts: Zu Recht ist das Ehepaar Rupp stolz auf seinen Blumengarten: Eine sorgfältige Auswahl von mehrjährigen und einjährigen Pflanzen sorgt für Farbe und Interesse während des gesamten Jahres. Im Juni blüht die Kletterpflanze *Maurandya* (links im Bild), unterpflanzt mit *Glechoma hederacea variegata*, auch silbergrauer Edeldistel *(Eryngium grandiflora)* neben luftig-fedrigem Zierfenchel und rotem einjährigem Ziertabak. Im Mittelfeld Büschel von weißem Berufkraut der Sorte »Sommerneuschnee«, einzeln weiße Spinnenblume *(Cleòme)*, eine Palmlilie schließt das Beet. Im Hintergrund u. a. *Phlox paniculata* »Pax«, Hortensie *(Hydrangea arborescens)* und Fingerhut.

Der Blumengarten

Die Bepflanzung des abgesenkten halbschalenförmigen Blumengartens ist vielfältig. Ausgerichtet zum Wohnzimmerfenster, kann die Entfaltung des Beetes immer beobachtet werden. Im Frühling ist es gefüllt mit allerlei Zwiebelpflanzen, Krokus, Tulpen in verschiedenen Höhen und Schattierungen und Narzissen. Ein Höhepunkt ist die Sommerpflanzung: luftiger Fenchel *(Foeniculum vulgare* »Red Fern«) sprießt zwischen Berufkraut, rotblühenden Tabakpflanzen, dunkelviolettem Feinstrahl *(Erigeron*-Hybride »Schwarzes Meer«), gräulicher Edeldistel *(Eryngium grandiflora)* und Glockenblumen *(Campanula persicifolia)* in Weiß und Blau. Die Farbpalette bewegt sich im rot-weiß-blauen Spektrum, mit allen möglichen Zwischentönen.

Zur Würm

Der größte Teil des Gartens, der Abhang zur Würm, wird als naturnaher Bereich betrachtet. Eine langgestreckte Rasenfläche, am Rand in Wiese übergehend, ist flankiert von Sträuchern mit Staudenunterpflanzung. Als Blickfang und als Vordergrund zum Ufer liegt eine Schattenstaudenrabatte. Wichtig war die Gestaltung eines passenden weichen Übergangs zwischen Garten und Landschaftsschutzgebiet. Den Voraussetzungen entsprechend, wurden die Pflanzen ausgewählt: Die Frühlingsblüten, gelbe Märzenbecher *(Leucojum vernum)* und weißes, wunderschönes Lauchgewächs *(Allium zebdanense)* – für Verwilderung hervorragend geeignet und leider nicht im Handel – werden im verblühten Zustand von Farnen, Funkien und Felberich *(Lysimachia punctata)* verdeckt.

Linke Seite: Spontane Vegetation am Sonnenplatz; prachtvolle Königskerzen und Rispen von Leinkraut (*Linaria alpina*).

Links: Versteckt im Beet der gelbblühende Lerchensporn *(Corydalis cheilanthifolia).*

Unten: Im Spätfrühling, bevor die Großstauden und ausgetriebenen Sträucher die Flächen verdekken, wirken die Beete größer und lichter. Die Blickverbindungen von einem Gartenraum zum anderen sind noch offen – wie hier vom Vorgarten zur Wiese neben dem Frühstücksplatz. Gelbe Kompositionen sind an mehreren Stellen im Garten zu finden: Leuchtende Kaiserkronen (*Fritillaria imperialis* »Lutea Maxima«) zwischen Gemswurz *(Doronicum orientale)* und *Narcissus* »Binkie«. Im Vordergrund als Farbkontrast eine violette Platterbse *(Lathyrus vernus).*

Sitzplätze im Garten

Verschiedene Sitzplätze für die jeweilige Tages- und Jahreszeit ermöglichen das ruhige Betrachten und Genießen des Gartens:
Der *Frühstücksplatz* am Wiesenstreifen mit Blick auf den Sonnenhang, prall gefüllt mit blühenden Stauden, vor allem Taglilien, eine Vorliebe von Frau Rupp.
Der *Terrassenhof*, ein großer, überdachter Platz mit beweglichem Kamin für abendliche Feiern. Von hier genießt man einen Rundblick über den Wiesenhang hinunter zur Würm und auch zum Wiesenstreifen.
Der *Sonnenplatz*, eine Terrasse am Haus nach Süden, ein warmer, südländischer Ort, im Sommer bestückt mit Topfpflanzen.
Der *Schattenplatz* unter den Bäumen neben der rauschenden Würm; hier liegen der Garten und das Haus vor einem.

Ein persönliches Gartenszenario

Unten: Gekonnte Kombination mit einer Spur von Zufälligkeit: Zwischen den Quittenblüten eine Figur von der Keramikerin Monika Drescher-Linke.

Rechts: Der gerahmte Blick über die Bänder von Stauden, Gräsern und Farn vermittelt das Ambiente des Gartens; aufgebaut nach den erprobten Regeln von Vordergrund, Mittelfeld und Hintergrund. Die Farbgebung ist abgerundet: in Bodennähe blauviolette Pastelltöne, oben rot getöntes Laubwerk.

Bei der Entwicklung des 1600 qm großen Gartens hat man sich an keine Gestaltungslinien gehalten. In der Regel wird nach einem Plan gearbeitet, selten spontan und intuitiv wie hier, nur mit einer Vision des angestrebten Ambientes. Diese Arbeitsweise war nur durch den ausgeprägten Gestaltungssinn der Eigentümer möglich gewesen, entwickelt durch jahrelange Beobachtung und Beschäftigung mit Formen und Kompositionen.
Der Garten ist eine Aneinanderreihung von individuellen und ganz persönlichen Gartenszenarios. Das Grundgerüst des Gartens übernimmt Überbleibsel einer Gestaltung aus den 30er Jahren durch den ehemaligen Besitzer Prof. Trampler, beraten von den Gartenarchitekten Alwin Seifert[7] und Alfred Reich.[4] Noch vorhanden waren ein Arboretum mit seltenen Nadelbäumen und prachtvolle japanische Ahorne, Reste eines Alpinums, ein Waldweg sowie ein überaltetes Staudenbeet. Die Baumkulissen am Rande des Gartens schotten ihn von der Umgebung ab und schützen vor Einblick. Erst im Plan ist die strahlenförmige Zuordnung der neuen Gartenbereiche zum Haus erkennbar. Eine Gestaltung, die sich durch die Blickbeziehungen von innen nach außen entwickelt hat. Die Terrassen schmiegen sich als Erweiterung des Wohnraums an das Haus, von dem »al fresco«-Eßzimmer zu den Sitz-, Arbeits- und Rastplätzen für den Gärtner. Um und zwischen den einzelnen Gartenzonen liegen die Wiesen-

»Le Petit Villandry« liegt wie ein Tableau im Garten. Im Spätfrühling kann man die Umrisse der Beete noch wahrnehmen. Die Leitfarben Rosa und Violett sind eindeutig erkennbar: Tränendes Herz *(Dicentra spectabilis)*, Dolden von *Allium aflatunense*, rosa und weißliche Akelei, Flockenblume *(Centaurea montana)* und verblühende lila, rosa und weiße Tulpen.

Unten: Über die üppige Bepflanzung hinweg fällt der Blick auf das in Szene gesetzte Haus. Rechen an der Hauswand unterstreichen die ländliche Stimmung.

flächen – im Frühling mit Narzissen und Krokus gesprenkelt, im Frühsommer ein Blütenmeer aus Wiesenblumen. Fachgerecht mit der Sense gemäht, vermittelt die Wiese ein Gefühl vom Leben auf dem Land. Wichtiger noch ist ihre Funktion als neutraler Hintergrund für die Beete.

Die Blumenbeete »Petit Villandry«

An dieser Stelle waren immer Staudenbeete, rechts und links von einem Mittelweg. Inzwischen veraltet und verkommen, wurden die Beete nach dem Vorbild des Gartens von Schloß Villandry an der Loire neu aufgeteilt, aufgebaut nach dem Goldenen Schnitt, getrennt durch quadratische Platten und eingefaßt mit Betonleistensteinen.
Den Auftakt geben die vier Hochstamm-Johannisbeersträucher, zwei weiße (die laut Etikett rot sein sollten) und zwei schwarze. Ringsherum eine Mischung aus gepflanzten und selbst ausgesäten Stauden. Die üppige, kaum zu bändigende Fülle umfaßt: gemischte Akelei *(Aquilegia caerulea* und Hybriden), hohen Rittersporn *(Delphinium elatum* wie auch Hybriden), selbst ausgesäte Königskerzen und Fingerhüte. Dazu Phlox, Iris, Taglilien, Herbstanemonen *(Anemone hupehensis* »Septembercharme«), gefüllte Pfingstrosen *(Paeonia* »Sarah Bernhardt« und »Rubra Plena«), Margeriten *(Leucanthemum-Maximum*-Hybriden) sowie einzeln rosablühende *Rosa* »Bonica« und die höhere, später blühende »Queen Elizabeth«. Die Blüten sind in Pastelltönen gehalten, mit Nuancen von Rosa bis Blau. Das Laub liefert die Dynamik und Bewegung. Zwischen den Blüten und Blättern hoch oben auf Stäben tanzen freche Figuren von den Kunsthandwerkern Jörg und Valentin von Manz; Elfen des Gartenparadieses.

Rechts oben: Wege müssen nicht aus dem teuersten Material sein: Der schmale Weg aus Betonplatten ist funktionell und anspruchslos und verschwindet zwischen den Schwertlilien, Fingerhüten und Königskerzen.

Rechts unten: Die Blumenbeete leben von Üppigkeit, Bewegung und Spontaneität: Eine Mischung aus Fingerhut und Akelei, weiß-blauer Lupine *(Lupinus polyphyllus* »Kastellan«), blauer *Iris sibirica* und gelber *Iris pseudacorus*. Herausragend, über dem Blütenmeer schwebend, Arbeiten von Jörg und Valentin von Manz.

Ein toskanischer Hof

Im Vorfeld zum Blumenbeet stehen Tomatenpflanzen in Tongefäßen, eine Verlängerung des toskanischen Hofes zwischen Garage und Atelier. Um ein Regenwasserfaß sind Hochstamm-Fuchsien und Hibiscus in unterschiedlichen Tongefäßen gruppiert. Die Gestaltung wird durch den Bodenbelag bestimmt: Granitkleinsteinpflaster, verlegt in Reihen um den Brunnen, zwischen Holzfaß und Granit ein neutraler Kranz von Kieselsteinen.

Der Schattengarten

Als würdiger Nachbar des japanischen Ahorns wurde ein leicht abfallender, fächerförmiger Schattengarten angelegt. Granitgroßsteinpflaster zeichnet die Form des Fächers aus. Blaublühendes Immergrün *(Vinca minor)* deckt einen Teil der Fläche, übergehend in eine Herde von hellgrünem Straußenfarn *(Matteuccia struthiopteris)*. Im Hintergrund gelbblühender Felberich *(Lysimachia punctata)*, Prachtspiere *(Astilbe-Thunbergii*-Hybriden) in Weiß (»Elegans«) und Rosa (»Straußenfeder«). Zur Prachtspierenblüte sind nur die Samenköpfe von der fedrigen lilablühenden Wiesenraute *(Thalictrum aquilegifolium)* sichtbar. Frauenmantel *(Alchemilla mollis)*, Purpurglöckchen *(Heuchera*-Hybriden) wie auch Herbstanemonen haben ihren Platz im Beet.

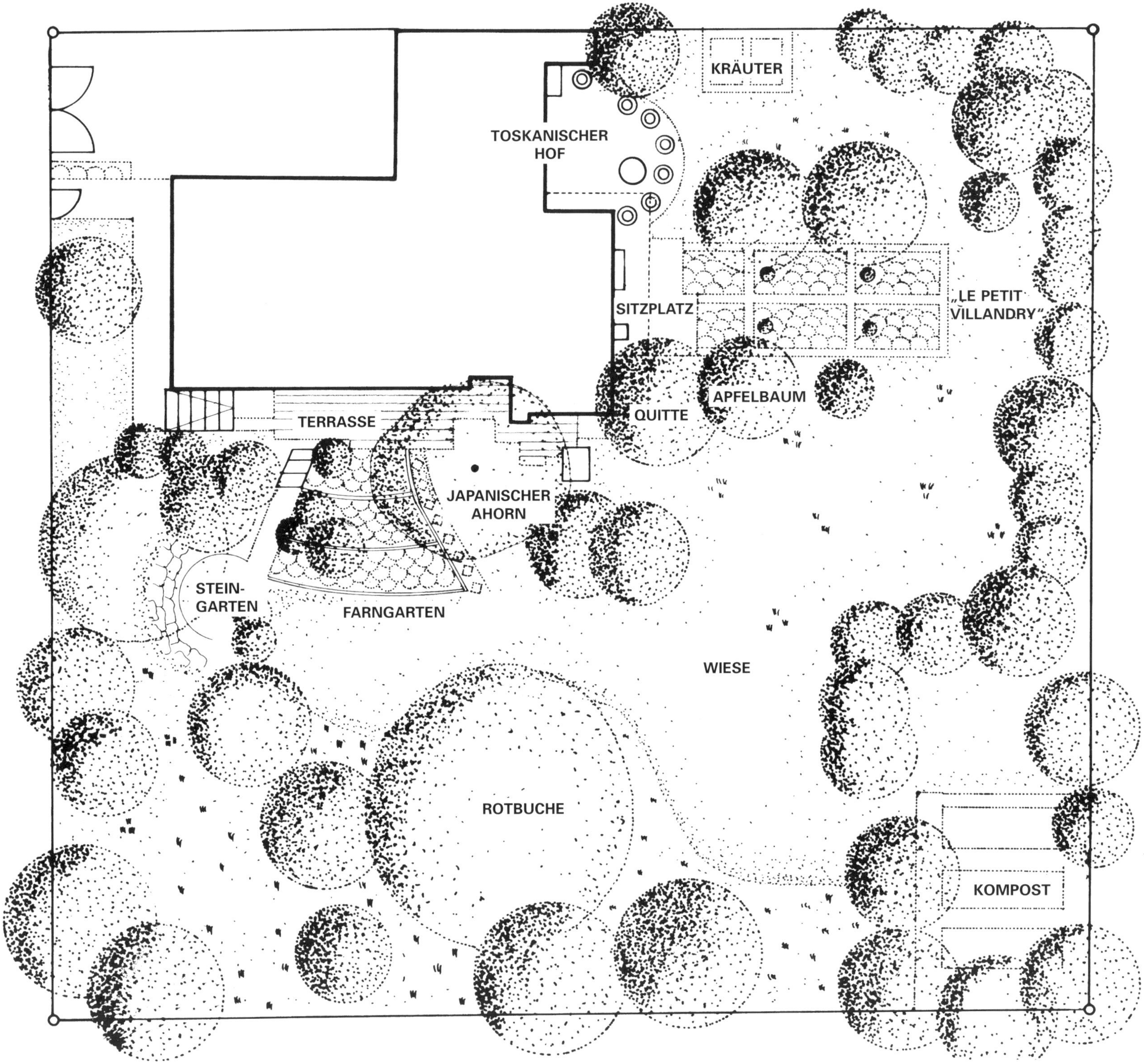
KRÄUTER
TOSKANISCHER HOF
SITZPLATZ
„LE PETIT VILLANDRY"
QUITTE
APFELBAUM
TERRASSE
JAPANISCHER AHORN
STEIN-GARTEN
FARNGARTEN
WIESE
ROTBUCHE
KOMPOST

Linke Seite: Erst im Grundriß Maßstab 1 : 250 werden die Zuordnung von Bereichen und ihr Bezug zum Wohnhaus ersichtlich.

Rechts: Kompostanlagen sind nicht nur Pflicht, sondern auch das Geheimnis der Blütenpracht. Sorgfältig und fachmännisch sind sie in drei nebeneinanderliegenden Hochbeeten im Schatten der Bäume angelegt.

Unten: Wie ein Gemälde öffnet sich der Blick vom Balkon; der frische Austrieb von Straußenfarn *(Matteuccia struthiopteris)* steht in Kontrast zum dunklen, satten Grün des Mooses, unterbrochen durch helle Rauten. Als Krönung die rötlichen filigranen Blätter des Japanischen Ahorns.

Der Moosweg

Nach jahrelangen Überlegungen wurde ein Experiment durchgeführt, inspiriert durch den japanischen Garten. Zwischen gewöhnlichen quadratischen Betonplatten, die als Trittsteine verlegt sind, wurde Moos gepflanzt. Ein weicher grüner Teppich, aus dem Gruppen von Waldsauerklee *(Oxalis acetosella)* wachsen. Dies ist ein idealer Übergang zwischen dem Schattengras um den Ahorn und dem Schattengarten.

Weitere Vorhaben

Das neueste Projekt ist die Freilegung des Steingartens, eine archäologische Ausgrabung im eigenen Garten. Die Überlegungen zur Bepflanzung des sehr schattigen Steingartens müssen noch reifen, erst dann wird mit der Pflanzung versuchsweise angefangen. Mit der Ausführung des Steingartens sind die Ideen nicht erschöpft. Als langfristiges Vorhaben möchten die Eigentümer eine Pergola an einer leichten Erhöhung bauen.
Die persönliche Note wird durch die Verteilung von Kleinkunst, Mobiliar, Körben und Gartengeräten unterstrichen, die alle ihren Platz im Garten gefunden haben.

Anmerkungen zu den Gartenarchitekten

Die nachfolgenden Angaben wurden zum größten Teil aus »The Oxford Companion to Gardens« entnommen.

1 **Jacques Androuet du Cerceau** (ca. 1515/20–1584)
Französischer Architekt und Graveur, bekannt für seine Bücher über Architektur und Gartenarchitektur. Vor allem die zwei Bände »Les plus excellents bâtiments de France«, geschrieben jeweils 1576 und 1579, sind Hauptinformationsquellen über französische Gartengestaltung des 16. Jahrhunderts.

2 **Karl Foerster** (1874–1970)
Deutscher Gärtner, Gartengestalter, Pflanzenzüchter und Schriftsteller, der die Verwendung und Wertigkeit von Stauden, insbesondere hoher, großer Spezies beeinflußte und durch seine Bücher förderte (z. B. »Der Blütengarten der Zukunft«, »Einzug der Gräser und Farne in die Gärten«). Die Stauden werden zum Mittelpunkt im »gelenkten Naturgarten«. Die Konzeption der heutigen Staudensichtungsgärten basiert auf Foersters Idee, vielen Menschen die Möglichkeit zur Beobachtung von Pflanzen zu geben.

3 **Gertrude Jekyll** (1843–1932)
Die große Dame der Gartenwelt, eine Autodidaktin, die sich auf dem Gebiet der Pflanzenverwendung spezialisierte und einen prägenden Stil entwickelte, der heute noch von Bedeutung ist. Ihre Theorien und praktischen Erfahrungen wurden in mehreren Büchern festgehalten.
In Zusammenarbeit mit Edwin Landseer Lutyens plante sie die Pflanzung von zahlreichen Gärten, u. a. Folly Farm, Hestercombe, Great Dixter.

4 **Alfred Reich** (1908–1970)
Schüler und Mitarbeiter von Karl Foerster, Gärtner, Gartengestalter und Schriftsteller (z. B. »Gärten, die uns glücklich machen«). Reich war einer der letzten Vertreter einer Generation von Ausführungs- und Gestaltungsanbietern. Er ist bekannt für zahlreiche Hausgärten in München und Umgebung.

5 **William Robinson** (1838–1935)
Irischer Gärtner und Schriftsteller. Robinson beeinflußte die Gestaltung von viktorianischen englischen Gärten. Viele seiner Gestaltungsprinzipien, wie die naturnahen und Verwilderungsaspekte einer Pflanze und die zarte Verwendung von Farbe, haben bis heute Gültigkeit.

6 **Victoria (Vita) Sackville-West** (1892–1962)
Englische Dichterin, Novellistin und Gärtnerin, die zusammen mit ihrem Mann Harold Nicolson den Garten von Sissinghurst Castle in England anlegte, wobei sie für die Pflanzung und er für die Gestaltung zuständig war. Sissinghurst Castle ist eines der besten Beispiele englischer Gärten und wird heute vom National Trust betreut und gepflegt.

7 **Alwin Seifert** 1890–1972)
Nach dem Architekturstudium arbeitete Seifert zunächst als Architekt, später auch als Gärtner und Gartengestalter – seine Kenntnisse über Pflanzen und Gartenarchitektur hat er sich selbst angeeignet. Neben seiner Lehrtätigkeit an der TU München lagen seine Schaffensschwerpunkte in der Planung von Hausgärten, aber auch in der Weiterentwicklung von biologisch-dynamischen Wirtschaftsweisen in Garten und Landwirtschaft. Mit seiner Tätigkeit als Landschaftsplaner (Berater beim Bau der Reichsautobahn, Industriebegrünung, naturnaher Wasserbau, Förderung von Heckenlandschaften) erschloß er ein neues Berufsfeld für Landschaftsarchitekten und leistete wesentliche Vorarbeit für die heutige Landschaftsplanung.

Empfehlenswerte Literatur, eine persönliche Auswahl

Gartengestaltung

Die schönsten Blumengärten
Penelope Hobhouse
Stuttgart, 1992

Farbe im Garten
Penelope Hobhouse
Stuttgart, 1986
Alle Bücher von Penelope Hobhouse bieten eine Fülle von Informationen, hauptsächlich über Pflanzenkombinationen und Farbe, mit ausgezeichneten Farbfotos und Pflanzplänen.

Pflanzenbilder aus meinen Gärten
Gertrude Jekyll
Stuttgart, 1988
Eines der einflußreichsten Gartenbücher unseres Jahrhunderts.

Rosemary Verey's Garden Plans
London, 1993
Wunderschöne farbige Garten- und Pflanzpläne begleiten die Beispiele von Gärten, entworfen von Rosemary Verey.

Die schönsten Gärten Frankreichs
Georges Lévêque und
Marie-Françoise Valéry
Stuttgart, 1990
Der Untertitel »Gartengestaltung und Tradition« sagt wesentlich mehr über den Inhalt des Buches als der Hauptti-

tel. Der zeitgenössische französische Gartenstil wird in den hervorragenden Fotografien von George Lévêque dokumentiert.

Zauberhafte kleine Gärten
Roy Strong
Köln 1993
Gute, praktische Anregungen für die Gestaltung einer kleinen Fläche.

Die Gartenkunst des Abendlandes
Monique Mosser und Georges Teyssot
Stuttgart, 1993
Ein großzügig ausgestatteter Bildband mit vielen Informationen über historische Gärten und Gartenkunst.

Pflanzen

Pflanzen Einkaufsführer
Anne und Walter Erhardt
Stuttgart, 1990
Die grünen Seiten gehören ins Bücherregal jedes Pflanzenliebhabers.

Die Freiland Schmuckstauden
Handbuch und Lexikon der winterharten Gartenstauden
Leo Jelitto, Wilhelm Schacht, Alfred Fessle
Stuttgart, 1990
Ein umfangreiches Buch, gut bebildert und alphabetisch geordnet.

Schattige Gärten
Jane Taylor
München, 1993
Gute Vorschläge für die Bepflanzung von Problembereichen im Garten.

Beläge, Einfriedung, Ausstattung

Pflaster für Garten, Hof und Plätze
Heidi Howcroft
München, 1993
Ein Standardwerk, ein Wegweiser zur Auswahl und Verlegung von Naturstein-, Ziegel- und Klinkerpflaster.

Hecken und Zäune, Gitter und Mauern
Heidi Howcroft
München, 1991
Eine Zusammenstellung von Einfriedungen für den Garten und Gartengrenzen.

Garteninspirationen
Mary Keen
München, 1994
Eine Quelle neuer Ideen für die Gartenausstattung, reich bebildert von Marijke Heuff.

Verbände und Organisationen

Blumenzwiebel Informationszentrum (BIZ)
Rheinallee 4a
53173 Bonn-Bad Godesberg

Bund Deutscher Baumschulen e. V.
(BdB)
Bismarckstr. 49
25402 Pinneberg

Bund Deutscher Landschaftsarchitekten e. V. (BDLA)
Colmantstr. 32
53115 Bonn

Bund Deutscher Staudengärtner
Gießener Str. 47
35305 Grünberg

Bundesverband Garten-, Landschafts- und Sportplatzbau e. V.
(BGL)
Alexander-von-Humboldt-Str. 4
53604 Bad Honnef

Deutsche Dendrologische Gesellschaft
Hawstr. 28
54290 Trier

Deutsche Gesellschaft für Gartenkunst und Landespflege e. V. (DGGL)
Sangershauser Weg 1
12349 Berlin

Gütegemeinschaft Baumpflege und Baumsanierung e. V.
Weinmeisterhornweg 189
13593 Berlin

Zentralverband Gartenbau e. V.
(ZVG)
Godesberger Allee 142–148
53175 Bonn

Bezugsquellen

Garten-Möblierung

G. Benkert
Einrichtungen für Park und Garten
Erbrechtshausen – Schafhof
97486 Königsberg

Garpa (Garten- und Parkmöbel)
Kiehnwiese 1
21039 Escheburg

Stephan Kirchner
(Gartenausstattung, Gartenmöbel und Gartenzubehör)
25980 Keitum/Sylt

Runge GmbH & Co.
(»klassische« Parkbänke, Garten-Pavillons)
Postfach 3646
49026 Osnabrück

Außenleuchten

BEGA Gantenbrink-Leuchten GmbH & Co KG
Spezialfabrik für Außenleuchten
Hennenbusch
58708 Menden

Hess Form + Licht GmbH & Co
(auch Brunnen u. Bänke)
Schlachthausstr. 19–19/3
78050 Villingen-Schwenningen

i Guzzini
(italienisches Design)
Deutschland GmbH
Bunsenstr. 5
82145 Planegg

Blumenzwiebeln

Horst Gewiehs – Blumenzwiebel Import und Großhandel
Postfach 1270
27342 Rotenburg (Wümme)

Albrecht Hoch
Blumenzwiebelspezialitäten
Postfach 14134
Potsdamer Str. 40
14163 Berlin

Rosen

BKN Strobel
Baumschulenkontor Nord Strobel GmbH & Co KG (Meilland Rosen)
Wedeler Weg 62
25421 Pinneberg

Ingwer J. Jensen GmbH
(historische Rosen, englische Rosen von David Austin, Clematis)
Hermann-Löns-Weg 39
24939 Flensburg

W. Kordes' Söhne
(Europas größte Rosenschule)
25365 Sparrieshoop bei Elmshorn/Holstein

Stauden / Staudensamen / Saaten

Georg Arends (Staudengärtnerei)
Monschaustr. 76
42369 Wuppertal (Ronsdorf)

Klaus R. Jelitto (Staudensamen)
Horandstieg 28
22559 Hamburg

Junge (Staudensamen)
Seeangerweg 1
31787 Hameln

Kayser & Seibert (Staudengärtnerei)
Wilhelm-Leuschner-Str. 85
Postfach 28
64380 Roßdorf

Klose (Staudengärtnerei)
Rosenstr. 10
34253 Lohfelden

Hagemann Staudenkulturen
Postfach 1870
30853 Langenhagen-Krähenwinkel

L. C. Nungesser KG
(Saaten für Kräuter, Wildblumen, Rasenmischungen)
Büro: Bismarckstr. 59
Lager: Otto-Röhm-Str. 51
Postfach 110846
64293 Darmstadt

Dr. Hans und Helga Simon
Sortiments- und Versuchsgärtnerei
Staudenweg 2
97828 Marktheidenfeld

Gräfin von Zeppelin –
Staudengärtnerei
79295 Sulzburg-Laufen

Bezugsquellen für Stauden in München und Umgebung

Born
Bäume – Gärten
Garten- und Landschaftsbau
Töpferstraße 7
83024 Rosenheim

Demmel
Baumschulenstraße 3
82402 Seeshaupt

Staudengärtnerei Dieter Gaissmayer
Jungviehweide 3
89257 Illertissen

Rolf Peine – Staudengärtnerei
82296 Schöngeising (An der B 471)

Käthe Quaal –
Winterharte Blütenstauden
85560 Ebersberg-Hörmannsdorf

Rottenwalter & Sohn
(Alpine Stauden, Kakteen)
Äußere Lohe 2
83512 Wasserburg am Inn

Samen Schmitz GmbH & Co KG
Viktualienmarkt 5
80331 München

Seebauer Gartencenter
Ottobrunner Str. 61
81737 München

Staudengärtnerei
Hermann Uäpfel
Äußere Nürnberger Straße 99
91710 Gunzenhausen

Wörlein Baumschulen
Baumschulweg 9
86911 Diessen / Ammersee

Bildnachweis

Heidi Howcroft: 22 Mitte, 100, 103
Peter Howcroft: 2, 7, 8, 9, 12, 13, 14, 15, 16, 17, 22, 25, 26, 28, 29, 63
George Meister: Titel, 19, 20, 31, 42, 43, 46, 47, 50, 51, 52, 53, 54, 55, 65, 66, 67, 75, 76, 77, 91, 92, 93, 96, 98, 99, 102, 104, 105, 106, 108, 109, 112, 113, 114, 115, 116, 117 rechts
Barbara Miess: 80, 81, 83 oben
Michael Miess: 78, 79, 82, 83 unten
Gary Rogers: 94, 95
Ernst Rupp: 110, 117 links
Binette Schroeder: 23, 57, 62, 118, 119, 120, 121, 123
Wolfram Stehling: 4, 27 unten, 32, 34, 35, 38, 39, 68, 69, 70, 72, 73, 84, 85, 87, 88, 89
Gerhart Teutsch: 40
Reinhard Vogler: 18, 58, 59, 60, 61

Dank

An dieser Stelle möchte ich allen, die am Buch mitgearbeitet haben, danken. Mein Dank geht insbesondere an die Garteneigentümer, die mir Material zur Verfügung gestellt haben und mir Zutritt in ihre Gärten gewährten. Für die fachliche Unterstützung möchte ich Dr. Charlotte Blauensteiner, Gottfried Hansjakob und Gudrun Lehneis danken. Ein Großteil der Gartenpläne und Schnitte wurden von Katrin Schulze gezeichnet. Zu danken ist auch den Fotografen George Meister, Binette Schroeder, Wolfram Stehling und meinem Bruder Peter Howcroft, welcher viele der Aufnahmen für das Buch gemacht hat. Zum Schluß mein Dank an den Callwey Verlag, insbesondere an Roland Thomas und sein Team.

Impressum

Streitfeldstraße 35, 81673 München

Schutzumschlaggestaltung und Konzeption: Helmut Gebhardt, München
Satz: Filmsatz Schröter GmbH, München
Litho, Druck und Buchbinder: Fotolito Longo, Bozen

Die Deutsche Bibliothek – CIP-Einheitsaufnahme
Der individuelle Garten
Ideen und Beispiele für eine ganz persönliche Gestaltung / Heidi Howcroft. – München : Callwey, 1995
ISBN 3-7667-1149-0
NE: Howcroft, Heidi

Printed in Italy